丛书编委会

范 缜

夏炎 龚珍 著

大家精要

陕西师范大学出版总社

图书代号 SK16N1470

图书在版编目(CIP)数据

范缜 / 夏炎,龚珍著. —西安:陕西师范大学出版总社有限公司,2017.1(2024.1重印)

(大家精要)

ISBN 978-7-5613-7155-8

Ⅰ.①范… Ⅱ.①夏… ②龚… Ⅲ.①范缜(约450—约510)—传记 Ⅳ.①B235.85

中国版本图书馆CIP数据核字(2016)第302628号

范 缜 FAN ZHEN

夏 炎 龚 珍 著

责任编辑 郑若萍
责任校对 马凤霞
封面设计 张潇伊
出版发行 陕西师范大学出版总社
　　　　 (西安市长安南路199号　邮编710062)
网　　址 http://www.snupg.com
印　　制 永清县晔盛亚胶印有限公司
开　　本 650 mm×930 mm　1/16
印　　张 10
字　　数 100千
版　　次 2017年1月第1版
印　　次 2024年1月第2次印刷
书　　号 ISBN 978-7-5613-7155-8
定　　价 45.00元

读者购书、书店添货或发现印刷装订问题,请与本公司销售部联系、调换。

电话:(029)85303879　　传真:(029)85307864　85303629

目　录

第 1 章

神天论的缔造者

我们灿若星河的中华文明记录着一位超越时代的唯物主义无神论思想家。他在一千五百多年前的古代中国，在几乎全民信佛的时代，独自在朝野内外声嘶力竭地控诉佛教，宣称世上并无鬼神。他既顶住了功名利禄的诱惑，又不为君王的喜好而丝毫改变自己的立场，默默地承受着常人难以承受的嘲弄。这个人就是南朝齐梁时期的范缜。

一、官宦人家

范缜（约 450～515），字子真，出生于一个官宦世家。范氏族人曾经世代居住在顺阳（今河南南阳市淅川县），如果范氏家族一直都待在顺阳，后世的范缜未必就会成为一位著名的无神论思想家。历史总是充满了各式各样的巧合，无数个相互关系着的巧合串联在一起，又造就了一个必然的历史事件。

范缜的直系族人曾经历了两次历史性的举家迁移。

第一次迁徙发生在范缜的八世祖范晷时。范晷，字彦长，青年时曾经前往当时的一个文化中心——清河（今河北邢台清河县）拜师求学，他的家眷也都随之迁到了清河，这一支范氏从此就脱离了顺阳的大家族，独自开始了在清河的发展史。

"学而优则仕"是古代读书人最理想的出路，范晷学有所成后就被清河当地的郡守相中，辟为五官掾。五官掾相当于郡守的左右手，对于初入官场的范晷来说，已经算不小的官职了。他自己也很珍惜这样一个施展治民之才的机会，于是兢兢业业，在地方任上做得风生水起。很快，他的才干就得到了朝廷的赏识，不久就被提拔为河内郡丞。凭借着自己的才干，此后的范晷官运亨通，历任侍御史、司徒左长史、冯翊太守、少府、凉州刺史、雍州刺史。范晷还颇具治乱之才，在凉州、雍州刺史的任上，他不仅有效地抵御了外族的入侵，还劝导当地百姓务农种桑，使遭受战乱破坏的西北大地再次获得了生机，所以他很受当地百姓的拥戴，范晷也因此被收录进了《晋书·良吏传》，作为良吏的典范，名垂千古。西晋惠帝元康年间（291~299），政绩卓绝的范晷又加封了左将军的称号。但是不久后，劳于政事的范晷就病死在了雍州刺史任上。不过，因为范晷，范氏一族的发展史有了一个精彩的开头。

范晷一共养育了三个儿子，分别是范广、范稚和范坚。范广和范坚都曾在东晋任职，范广留美名于史册，是典型的良吏孝子，范坚也给后世留下了文集十三卷，史书对他们都有记载。而与范缜有亲祖关系的是范晷的次子范稚。

西晋王朝的建立，开启了司马氏一统天下的局面，太康元年（280）平吴之后，结束了自东汉末年开始的长达九十年的分裂局面，出现了所谓"太康繁荣"。但此后不久，接踵而来的八王之乱、永嘉之乱造成了司马晋政权的严重危机。在西晋末年的内忧外患中，时任大将军掾的范稚早逝，幼子范汪成了孤儿。

范汪，字玄平，是将范门再次推向显要的关键人物。就在范汪六岁那年，为了躲避战乱，母亲带着他从河北南渡长江，迁到了江南。与此同时，范稚的哥哥范广、弟弟范坚也举家南迁。从此，清河范氏便开始了侨居江南的生活，是为范氏的第二次迁徙。

范汪的母亲出身于新野（今河南南阳市新野县）庾氏，就在范家南迁的过程中，外家庾氏也从河南迁到了江南。于是，庾氏带着年幼的范汪投靠了娘家。然而，就在范汪十三岁那年，母亲也撒手人寰，离他而去。如果没有外家的抚养，失去父母的范汪恐怕早就无法继续存活下去了。因此，范汪立志求学，长大做官求得富贵，以此报答外公、外婆的养育之恩。据说荆州刺史王澄见到范汪后，啧啧称奇，逢人便说："能使范氏一族兴旺起来的人，一定就是这个孩子！"事实证明，此言不虚。范汪十分好学，但由于外公家贫，无法交纳学费。于是，范汪自己便在郊外搭建了一个临时房屋，每天穿着极其简陋的衣服，吃着粗茶淡饭，烧着柴火，将借来的书抄写下来。抄完后，还要通读一遍。范汪就是在这种艰苦的条件下自学成才，逐渐成长为一个"博学多通，善谈名理"的学者。

光阴荏苒，范汪已经是一个二十岁的小伙子了。踌躇满志的范汪怀揣报国之心，来到了梦寐以求的京师——建康（今江苏南京）。然而此时的东晋朝廷，正在经历着一场政治灾难。王敦之乱刚刚平息，苏峻之乱又接踵而来。在苏峻叛军的强大攻势下，东晋朝廷军队一度处于劣势。不久，苏峻大军便攻占了京师。苏峻放纵士兵大肆抢掠，侵逼六宫，穷凶极恶，残酷无道。同时，苏峻还挟持了晋成帝，并封拜百官，广树亲党，政事由他一人专断，东晋朝廷岌岌可危。范汪见状，连忙西逃，途中遇到了屯兵于寻阳（今江西九江）准备反扑的东晋重臣庾亮和温峤等人。范汪及时向他们通报了京师的情况，并提出了抓住有利时机进讨叛贼的建议。温峤等人十分赞同范汪的建议，庾亮随即辟范汪为参护军事，范汪由此获得了进入东晋朝廷任职的契机。苏峻叛乱平息后，范汪因协助平叛有功，被赐爵都乡侯。此后，范汪一直在庾亮身边任职，一干就是十余年，官职也步步高升，逐渐成为朝廷重臣。简文帝司马昱为宰相时，与范汪十分亲密，任命范汪为安北将军，徐、兖二州刺史，都督徐、兖、青、冀四州，扬州之晋陵诸军事，授予他地方军政大权。此时的范汪也达到了宦海生涯中的最高点。虽然此后范汪为权臣桓温所忌恨，桓温还借范汪的一次小小的失职而免了他的官，范家的子孙在东晋朝廷的政治地位也时起时落，然而不可否认的是，范汪是范家中兴的关键，正是在他的努力之下，南迁的范家才在江南站稳了脚跟。

范汪生有二子，长子范康、次子范宁。范宁是东晋著名的经学家，著有《春秋穀梁传集解》，范宁的博学多识让他在东晋孝武帝时很受皇帝亲待。范宁之孙范晔，也就是《后汉书》的作者，也具有无神思想，将在后文中另述。

范康就是范缜的高祖，早年亡故。

范康之子范弘之，依靠先祖的荫庇，年纪轻轻就袭爵武兴侯。范弘之为人雅正好学，尤其精通儒术，因此被东晋朝廷提拔为太学博士。范弘之本来可以轻而易举地踏上摆在脚下的康庄大道，然而他却偏偏挑了一条坎坷小路。当为人刚正不阿、遇事直言不讳的范弘之在朝堂上议论谢石谥号的时候，指责谢石虽然在淝水之战立下大功，但是他为人贪敛，既不忠国事君，也不爱护百姓。范弘之还认为应该给因为得罪了桓温而贬斥为庶人的殷浩赠谥，由此得罪了当权的谢、桓两大家族。众所周知，东晋是士族政治的巅峰时代，西晋末年，本为西晋藩王的司马睿，就是依靠了王导、王敦为首的士族的帮助，才得以偏安江东，建立东晋政权，从此形成了所谓的"王与马，共天下"的政治局面。一直到东晋覆灭，皇权都一直被势力庞大的士族所胁迫。王、庾、桓、谢为首的世家大族轮流当政，连皇帝都忌惮他们。而范弘之得罪的就是这样的权臣。他随即被逐出朝廷，贬至余杭做县令，并且终生都不得调任。最终，范弘之死在余杭县令任上，年仅四十七岁。

范弘之的儿子范璩之，也就是范缜的祖父，在南朝刘宋任中书侍郎之职。当时，中书省的长官中书令是宰相，中书侍郎是中书令的副手，相当于副宰相的位置，职高权重，此时的范家又一次步入了家族发展的辉煌时期。

刘宋文帝元嘉二十七年（450），范缜出生了。

宋文帝刘义隆在位期间，曾经采取了一系列措施，使百姓得以休养生息，人口迅速增殖，社会生产有所发展，经济文化日趋繁荣，出现了小康的繁荣局面。元嘉时期（424~453）是南朝国力最为强盛的时期，史称"元嘉之治"。但与此同时，北方的北魏也逐渐强大起来，对刘宋造成了极大威胁。雄图大略的宋文帝很早便有北伐蛮夷、恢复中原之志，便于元嘉七年派遣精兵五万北伐，却以失败的悲剧告终。在此后的二十年间，宋魏之间相安无事。北魏统一北方（439）后，势力更加强大，北朝的南伐被提上了日程。就在范缜出生的这一年，北魏发动了十万大军南下伐宋。刘宋在这次战争中遭到了重创，丧失了大片土地，国力锐减，元嘉之治的局面受到了严重破坏。

就在刘宋的外部环境陷入重重危机之时，在刘宋皇室内部，又上演了骨肉相残的悲剧。先是文帝之弟刘义康权重，觊觎皇位。文帝无奈，只好杀死刘义康及其党羽（包括范晔）。随后是文帝打算废掉太子刘劭，却反被刘劭所杀。刘劭称帝后，文帝的第三子刘骏又起兵诛杀了刘劭，称帝即位，是为宋孝武帝。从此，刘宋陷入了黑暗混乱的局面。

范缜就出生在刘宋动荡的时局之中。范缜的父亲叫范濛，官居奉朝请。奉朝请是南朝为了安置闲散官员而设置的官位，实际上有名无实，但是可以领取俸禄，补贴家用。范缜的母亲是兰陵萧氏之女，兰陵萧氏在当时是显赫的世家大族，政治、经济、社会地位都相当高。因此，虽然当时朝政混乱，时局不稳，但是范缜却生活得十分幸福。可惜，这样的幸福太过短暂了。范缜还很小的时候，祖父范璩之、父亲范濛就相继撒手人寰。范缜既失去了祖父的庇护，又失去了父爱。更惨淡的是，范缜跟母亲还被断绝了生活来源。这个本来幸福美满的家庭霎时间从天堂坠入了地狱。严酷的现实，使小小的范缜开始意识到，作为家里唯一的男子，必须担负起维持这个家庭的重担。

二、矢志求学

范缜丧父之后，母子二人的生活十分清苦。艰苦生活的磨砺与母亲的谆谆教诲，使小小的范缜逐渐成熟起来。范缜深知母亲独撑家门的艰难，在母亲疲劳时，他会帮助母亲做些力所能及的活计；在母亲忧愁时，他更是用那稚嫩的语言平抚母亲孤寂的心灵。母亲看到如此懂事孝顺的范缜，脸上的笑容渐渐地多了起来。或许正是童年的不幸，造就了范缜勤劳俭朴、正直坚强的性格。范氏一门都在不断地向世人验证"自古英雄多磨难"的真谛。

范缜是不幸的，幼小的他就遭遇了家道中落，从一个显要家庭的子弟瞬间沦落为贫寒人家的孩子；然而范缜又是幸运的，贫困的生活使他遍尝人间百味，磨炼了他的坚强意志。而最重要的是，他的父亲虽然没有留给他庞大的家产，却留下了不可胜数的书籍。于是，读书成了小范缜生活的重心，他遍读经史百家，从书中去寻找为人处世的道理。

宋明帝泰始初年（465），大儒刘瓛在京师建康招徒讲学，少年范缜由此踏上了求学之路。

刘瓛是当时数一数二的儒学大家，是沛国相（今安徽濉溪西北）人，出身官宦世家。刘瓛自幼勤奋好学，五岁时，听说舅舅在读《管宁传》，刘瓛就迫不及待地也要读，这种求知若渴的精神奠定了他后来的学术成就。宋孝武帝大明四年（460），刘瓛由地方举为秀才，朝廷任命他为奉朝请。面对着呼之即来的富贵，刘瓛却认为这一尸位素餐的官位无法实现自己的抱负，坚决辞官不就。可是这时的刘瓛已经十分清贫了，他与兄弟们一起住在一间草房中。有一天，草房还被风刮倒了，无法修补。刘瓛兄弟们却并没有因此而意志消沉，反而怡然自乐，继续研习学问，这是何等的胸襟？宋明帝泰始初年，声名远播的刘瓛在建康树起了讲学的大旗，将自己的平生所学无私地传授给渴求知识的学子们。在刘瓛的周围，每天都会聚集数十名慕名前来的学子，范缜便是其中的一员。

来到刘瓛这里范缜才发现，原来围拢在刘瓛门下的学生大多是有钱有势的贵族子弟，他们个个穿着绫罗绸缎，吃着山珍海味，出出入入不是坐车，便是骑马，十分阔绰。再看范缜，穿着布衣草鞋，从家到学校都是徒步，和这些华贵的师兄师弟们站在一起，范缜显得很寒酸。同为求学之人，其处境却有如此大的差别，这一切皆源于魏晋南北朝时期严格的门第观念。从东汉末年开始，在地主阶层内部，形成了士族与庶族两大对立集团。士族与庶族之间有着天壤之别，正所谓"士庶之际，实自天隔"。在一整套维护士族地主利益的制度与措施的荫庇下，士、庶之别越来越趋于固定化，形成了"上品无寒门，下品无士族"的局面。同时，即使在士族内部也有高下之别。范缜虽然生于官宦世家，但到范缜这辈，范家已然失去了昔日的冠冕光环。此时的范家虽然还不至于被划入庶族的行列，但充其量也就是低级士族。与那些高门大姓相比，范家未免有相形见绌之感。家道中落的范缜自然无法加入到高门的行列，他被贵族子弟耻笑也就不是什么意料之外的事了。

在这样的环境中，范缜的处境可想而知，那些贵族子弟自然是瞧不起范缜的，而范缜却并不因此而自惭形秽，在众人的奚落和嘲讽声中，范缜反而变得更为坚毅和自信。他把全部的精力都投入到了学习之中，孜孜不倦、如饥似渴地吸吮知识的营养。当贵族子弟们沉迷于声色犬马时，范缜却在挑灯夜读；当贵族子弟们嘲笑范缜生活的贫困时，范缜已经成了知识的富有者。短短几年的时间，范缜凭借着勤奋、刻苦的学习精神，逐渐成长为一名博学之士，尤其精通《周礼》《礼仪》和《礼记》三礼。与此同时，"不为士友所安"的范缜也逐渐成长为一个具有反抗精神的人，这点对他后来的发展尤为重要。

年轻的范缜学有所成，首先得益于他自己的刻苦努力，正因为他能够排除外界的一切干扰，不被冷嘲热讽所击倒，发奋求学，才成为卓越超群之人。

其次，得益于他遇到了刘瓛这位好老师，范缜也因此成为刘瓛最为得意的门生。范缜二十岁那年，刘瓛亲自为范缜束发结冠，举行了成人的加冠礼，祝贺范缜成年。范缜在刘瓛门下一学就是数年，师生的感情十分深厚。范缜从老师那里不仅学到了知识，更重要地是学到了做人的道理。后来，范缜虽然离开了刘瓛在南齐为官，依然经常回去看望老师。在刘瓛弥留之际，齐竟陵王萧子良知道范缜与刘瓛之间的深厚师生情谊，便派范缜到刘瓛宅邸主持营斋事务。所谓营斋，就是在宅邸设斋食供给前来为病者祈福或为死者超度的僧道。这一举动虽然与范缜的反佛思想相悖，但范缜应下了这个差使，这更是体现了范缜对恩师的尊敬之情。刘瓛去世后，范缜还与一些同门师兄弟亲自为老师送葬，以示不忘师恩。

到这里，我们已经能从刘瓛的身上看出一些端倪。他交好虔诚的佛教徒萧子良，范缜还为他营斋，这些都说明了刘瓛跟佛教是有关系的。事实上，刘瓛所交好的人中很多都是虔诚的佛教徒，特别是张融，此人在临终遗令中留下了千古名言："三千买棺，无制新衾。左手执《孝经》《老子》，右手执小品《法华经》。"此外，刘瓛还同张融以师礼待高僧慧基。刘瓛的另外一个高徒何胤也与僧人释法安同为法友，晚年时的何胤还在虎丘西寺讲佛典和儒经。我们完全有理由猜测刘瓛在日常教学中应有涉及佛教内容，而范缜作为刘瓛门下的高徒，很可能在当时就已经对佛教理论很熟悉了。这显然对范缜反佛理论的完善是很有益处的，毕竟只有知己知彼，方能百战百胜。

此外，范缜成功的背后还有一位伟大的母亲。范缜小的时候是在母亲的故事声中长大的，母亲用浅显生动的故事教会了他许多做人的道理。长大后，又是在母亲的谆谆教诲下矢志求学。母子之间的深厚感情是激发范缜发奋读书的强大动力，他下定决心要用优秀的学习成绩去报答母亲的养育教导之恩。

三、报国无门

史书上说范缜的性格特征是"卓越不群"，就是特立独行、不从俗流之意。时代的残酷，使范缜意识到，与其被那些士族子弟看不起，不如自己先发制人，不与他们为伍也就是了。在这种社会背景下，范缜从儿时起，便逐渐形成了一种孤僻高傲的性格，身边的朋友也很少。因为大家都知道范缜性子急，说话又直，谁也不喜欢和他做朋友。随着年龄的增长，范缜读的书也越来越多，喜好"危言高论"，终日讲一些别人觉得不合时宜的大道理。凡是了解范缜的人，会认为他是在施展他那卓越不群的"才华"，那些不了解范缜的人，都认为这是个终日夸夸其谈的狂生。

在多年的求学生涯后，范缜急于参与朝政的愿望愈发强烈。范缜认为，既然自己已经落了个"卓越不群"的称号，那么何不做出一番"卓越不群"的大事来呢？经过反复考虑，就在自己刚刚举行完冠礼之后，范缜给当时的尚书左仆射王景文上了一道书，这段文字保留在《艺文类聚》卷二十三《人部七·鉴诫》中：

> 君侯匡辅圣朝，中夏无虞，既尽美矣，又尽善矣。唐尧非不隆也，门有谤木；虞舜非不盛也，庭悬谏鼓；周公之才也，乐闻讥谏。故明君贤宰，不惮谔

谤之言；布衣穷贱之人，咸得献其狂瞽。先王所以有
而勿亡，得而勿失，功传不朽，名至今者，用此
道也。

在南朝刘宋时期，尚书左、右仆射已被时人称为宰相。王
景文出身世家大族琅邪王氏，历仕宋文帝、孝武帝、前废帝、
明帝诸朝，数任宰相之职。其妹还是明帝刘彧的皇后，王景文
又以国舅的身份位居外戚，可谓位尊权贵。作为"布衣穷贱之
人"的范缜敢于上书外戚兼宰相的王景文，足见其胆量不小。
在这篇《与王仆射书》中，范缜想要表达的是希望朝廷广开言
路的政治主张。范缜将自己的所学应用到文章中，举出了尧舜
时代设置敢谏鼓和诽谤木以及周文王善于纳谏的事例，认为凡
是明君贤相是不怕听到不同意见的，而正因为如此，即使是平
民百姓也会纷纷向朝廷说出自己的心里话。并进一步得出结
论：古代圣王之所以能够"功传不朽"，正是采取了广开言路、
敢于纳谏的施政方针。范缜的这篇文章虽然短小，还略显青
涩，却有理有据，论证充分，充满激情，显示出他立志参政、
改革时弊的信心和决心。然而，在当时这种权贵掌权的时代，
范缜的这种平民参政思想仅仅是一种美好的愿望，若想付诸实
施，实非易事。因此，范缜虽然满怀豪情地给宰相上了书，但
石沉大海，没有得到任何答复。对于年轻气盛的范缜来说，这
种结局似乎也在他的预料之中。从另一个角度讲，朝廷并没有
因此而降罪于他，也算是不幸中的万幸了。

正值青春年华的范缜怀才不遇、报国无门，他对这个刘宋
朝廷已不再抱任何希望。在此后的几年中，范缜不再奢望出仕
了，他常常闭门不出，继续研习经典。正是在这样潜心向学的
过程中，他的无神论思想渐渐开始萌发了。

此时的刘宋朝廷，已经进入末世。泰豫元年（472）四月，明帝刘彧去世，十岁的儿子刘昱即位，是为后废帝，大将萧道成逐渐掌握了朝政。刘昱即位后，继承了其父荒淫无道的行事原则，不理朝政且残忍好杀。几年后，刘昱就被身边随从所杀。萧道成见刘昱已死，便以太后的名义，列数刘昱罪状，并立安成王刘准为帝，是为宋顺帝。此时的刘宋王朝已名存实亡，落入了萧道成一人手中。两年后，即升明三年（479）四月，萧道成废掉了这个傀儡皇帝刘准，建立了萧齐王朝。就在刘宋王朝覆灭的这一年，二十九岁的范缜犹如伍子胥过昭关一般，一夜之间竟然满头白发，面对着动荡的时局和自己悲凉的人生，他写下了《伤暮诗》和《白发咏》。遗憾的是，今天我们已经无法得知这两首诗的内容了，但仅从诗题来看，我们还是能够体会到范缜当时那种对艰难时局的担忧和悲愤抑郁的情感。

四、锋芒初露

南朝的第二个朝代是齐，又称南齐，由于是萧氏所建，历史上也称为萧齐。萧齐王朝建立后，百废待兴。齐高帝萧道成采取了一系列措施，整顿前朝留下的弊政，恢复社会生产和发展经济，取得了一定的效果。一个新王朝建立伊始，都会千方百计地广搜人才，此时，已步入而立之年的范缜终于迎来了出仕的机会。

经人介绍，范缜首先在南齐做了一个叫宁蛮主簿的官。宁蛮府本是东晋、刘宋时期为处理地方民族事务而设置的军事性机构，到了齐、梁时代，宁蛮府的性质逐渐向地方行政机构转变。宁蛮府长官为宁蛮校尉，其下又设佐、史等职务，其中，宁蛮主簿便是宁蛮府中管理文书相关事务的官职。宁蛮主簿虽然官卑职小，但对于范缜来说却意义重大，因为这是他一生中获得的第一个官职。由于宁蛮主簿掌管文簿，恰与范缜的文才相当，因此范缜在这个职位上工作得也很安心。

时光荏苒，范缜的才华不断显露，很快他便升任尚书殿中郎，进入到南齐的中央工作。尚书殿中郎在中央尚书省掌管文书事务，魏晋以来，殿中郎为尚书诸曹之首。对于范缜来说，这一官职既是投其所好，同时也能证明其自身的价值。因此，范缜在这一岗位上工作得勤勤恳恳、兢兢业业。在范缜看来，自己出仕报国的愿望终于得以实现，即使早生华发，也能心满意足了。

范缜生来就是一个独来独往的人，然而就在他任尚书殿中郎之时，却遇到了一个生死之交，这个人就是王亮。王亮出身世家大族琅邪王氏，是东晋功臣王导的六世孙，王家世代簪缨，在东晋南朝的地位煊赫非凡。工亮作为名门之后，先是当上了刘宋王朝的驸马爷，进入南齐后，更是平步青云，节节高升。那么，在门第森严的时代，作为低级士族的范缜为什么会与高门大姓王亮成为挚友呢？这还要从齐竟陵王萧子良招揽文士集团一事说起。

萧道成去世后，他的长子萧赜即位，是为齐武帝。而萧子良便是萧赜的次子。身为天潢贵胄的萧子良生来就具有文人才性，他一生酷爱文学，最喜结交文士。在有才学之人面前，萧子良从来不会摆皇家子弟的架子，凡是有人来投靠他，萧子良都会对他们恭敬有礼，不仅为他们提供良好的治学环境，还无私地为其提供食宿。萧子良定期都会命人将这些文人以及朝廷官员的绝妙好文编撰成书，以留传后世。萧赜即位后，萧子良被封为竟陵郡王，担当着重要的军事职务，地位日益显要。永明五年（487），萧子良任宰相后，看中了京师建康郊外风水绝佳的鸡笼山一带，在那里开设了"西邸"，作为自己研习学问、招揽宾客的大本营。在短短数年间，萧子良集众学士之力，抄写五经及诸子百家著作，还根据魏文帝的《皇览》体例编纂完成了类书《四部要略》千卷，为古籍的传承作出了一定贡献。在萧子良的文士集团中，"竟陵八友"尤其引人注目。

所谓"竟陵八友"就是指经常聚集在萧子良周围的八个闻名当时的文人，他们是沈约、谢朓、王融、任昉、陆倕、萧衍、萧琛和范云。

其中，沈约、谢朓、王融均出自世家大族，为当时文人之冠，是"永明体"诗歌的代表作家。沈约诗文俱佳，好藏书，是二十四史之一《宋书》的作者。谢朓性格豪放，擅写草书、隶书，以五言诗见长，沈约称其二百年来所无。王融也是青年才俊，极富文才。任昉文风壮丽，被沈约所推重，时称"任笔沈诗"。陆倕文章与任昉齐名。萧衍就是后来的梁武帝，他出身南齐萧氏一脉，博学多才，琴棋书画无一不通，可算得是南朝的一位文人皇帝。

在这八个人中，范云和萧琛与范缜的关系密切。范云是范缜的堂弟，自幼好学，下笔成章，被萧子良待以上宾之礼，受到极大的恩宠。萧琛出身兰陵萧氏，既有皇室血统，又与范缜的母亲同族，还娶了范缜的妹妹，也就是范缜的妹夫。萧琛性格洒脱，有才辩，尤其喜好律法和书法。

由于范缜的文才在当时早已声名远播，于是，在这两个亲戚的强烈推荐下，身为尚书殿中郎的范缜也加入到了萧子良的文士集团中来。在西邸研习学问的时光中，范缜第一次遇到了王亮。王亮出身名门，多才多艺，尤其擅长绘画。恰巧萧子良开西邸招揽文士，欲将这些文士们的形象绘制下来，以作永久留念。这时，王亮便来到了萧子良的身边，用丹青妙笔，描绘出这一文坛盛事。就这样，范缜与王亮由此相识相知，渐渐地成了一对生死之交。在齐明帝即位后，王亮任尚书吏部郎，与范缜又同在尚书省工作，二人的友情在工作中愈加深厚。

既得重用，又遇挚友，范缜脸上的愁云渐渐消散，踌躇满志的他每天干劲十足。在加入西邸文士集团后，范缜的名气也随之抬升。当时，在南齐政权的北方正是孝文帝元宏统治下的北魏。经过冯太后与孝文帝的一系列汉化改革，北魏的社会生产和生活得到了一定的恢复，社会经济得以继续发展。在此过程中，北魏政权完全实现了汉化，北方民族出现了前所未有的大融合。与此同时，在齐武帝在位的十一年间，南齐也进入了一个相对稳定的发展时期。南北之间的友好往来成为这一时期双方外交工作的主流。据史载，永明年间，南齐与北魏之间曾多次互派使节。在这些使节中，便有范缜的身影。永明九年（491），齐武帝选中已经四十一岁的"才学之士"范缜，命他出使北魏。在这次出使中，范缜以超群的才华不辱使命，受到了北魏朝野的一致赞赏，圆满地完成了任务，范缜在南齐的仕宦生涯由此达到了顶点。

第2章

佛教中国化

正当范氏家族不断发展之时，起源于南亚次大陆的外来宗教——佛教也逐渐在中国生根、开花。中国古代社会"非我族类，其心必异"的思想非常浓厚，对外来事物的防备之心压倒一切，对事物的批判往往会深深地掩盖住了对它的好感。在这样的思想环境下，外来宗教和思想流派是很难有立足之地的。可是佛教在中土非但没有按照惯例被中国人逐走，而且还坚韧地扎根于儒、道繁炽的中国土壤，开出了高雅洁白的优昙花，成功地媲美于中国本土的儒教和道教。短短几百年的时间里，佛教的触角就伸入了中国社会生活的各个层面，甚至进入皇宫禁苑之中，并且成功地度化了一大批心甘情愿充当护教使者的上流社会人士。然而，这么一个拥有神奇"法力"的外来宗教又怎会料到，正当自己如日中天，达到发展制高点之时，会同一个叫范缜的人狭路相逢，双方势同水火，不共戴天！

一、初入东土

公元前6至前5世纪期间，处于古印度列国时代的迦毗罗卫国王子释迦牟尼创建了佛教。到了孔雀王朝时，阿育王通过南征北战基本统一了印度。征伐成功后的王朝疆域扩大了好几倍，阿育王为了巩固他对关系复杂的庞大帝国的统治，摇身一变，成为被后世佛教鼓吹的虔诚的佛教徒。虔诚表现在，他不仅在自己直接统治下的全印度推广佛教，还派出传教僧人去往国外弘扬佛法。

阿育王从嗜血的君主转变为爱惜生命的虔诚信徒，给后世之人留下了很大的想象空间，也给佛教留下了可以用来宣传佛教的活生生的例子。佛教认定推动这一巨变的动力在于佛教拥有让人无法抗拒的魅力。我们可以想象，征伐连年的阿育王必然更能体会得天下之难，佛教提倡与人为善的教义更符合印度战后的现实需要——缓和社会矛盾。这样来看，阿育王这种转变背后的原因就不难理解了。显然，聪明的阿育王也明白陆贾对刘邦所说的"马背上得天下，不能马背上治之"的道理。如此说来，佛教所谓的让阿育王都无法抗拒的魅力还真的是存在的，只不过我们更多地理解为佛教缓和矛盾的能力，而不是什么劝导和说教的魅力。

正是由于阿育王的推动，佛教冲破了地区民族宗教的限制，向世界宗教的地位进发。也就是从这个时候起，佛教开始了向中国渗透的过程。

据说，早在秦始皇时，就曾有天竺（古代印度）的僧侣来到秦都咸阳宣传佛教，但是遭到了秦始皇的驱逐，所以佛教在当时并没有在中国传播开来。又据说，西汉武帝派遣张骞出使西域时，从大月氏人那里知道了身毒国（天竺的异译）和佛教，但后事如何，我们却无从得知。还有一种说法，说汉哀帝时，大月氏贵霜王朝使臣还来到了长安宣传佛教……

关于佛教传入中国的时间还有许多种观点，但是中国史书对佛教最早的记载却是在东汉时期。明帝刘庄晚上做梦，梦见了一个身长一丈六（大概 5.33 米）的金人。这个金人的头顶发着耀眼的白光，在殿庭里飞来飞去，一副怡然自得的样子。普通人要是做了这个梦，要么根本无视，要么心生狐疑，顶多也就是去拜拜什么神灵了事。但是这个梦是皇上做的，况且还是个笃信天人感应的皇帝，这个梦引发的结果自然就跟发生在寻常百姓身上的结果不一样了。于是乎，第二天一大早，明帝连忙用这个神奇的梦来询问大臣，看看是不是上天对他这个天子有什么启示。以博学多闻著称的傅毅就启奏皇帝，指出那个金人应当是天竺的佛。

　　为什么明帝会如此在意这个梦呢？那是因为他觉得梦里包含着上大的启示。上天能通过一些手段对人间实施一些指示和干预，这种理论的基石就是汉武帝时期的硕儒董仲舒的天人感应论。汉武帝对鬼神的崇拜，以及对杂糅了神学思想的儒学的提倡，推动了谶纬的发展。所谓谶纬，就是借用了一些经文和隐晦的文字来预言富贵贫贱、生死寿夭及国运盛衰。为了显示其神秘性，谶文往往还被染成奇怪的颜色，一般还配有图，因此又称为图谶。图谶被宣传成代表上天意志的东西。这样，图谶就逃脱不了被野心家利用的命运。西汉末年，王莽篡汉前就利用图谶为自己大肆制造登基舆论。而东汉光武帝刘秀登基也是应了"刘秀发兵捕不道，卯金修德为天子"的谶言。所以，为了证明自己继承大统是顺天应道之举，光武帝十分推崇图谶，登基后就立即宣布图谶于天下。图谶甚至还成了政治决疑的工具，整个东汉王朝都被图谶的神秘氛围所笼罩着。不管光武帝是真信谶纬，还是只是为了获得谶纬所代表的"神授君权"，这对我们来说都已经不再重要，重要的是他给之后的东汉皇帝们留下了一笔不容小觑的神权思想遗产。而不管后世之君信还是不信图谶，他们也都必然不敢违背神圣的祖宗遗训。

于是，光武帝的儿子明帝决定按照上天的启示去寻佛，他立刻安排了蔡愔等一干人前往天竺。数年之后的永平十年（67），这些人历经千辛万苦，终于回到了洛阳，不仅带回来了佛经，还带回来了迦叶摩腾和竺法兰两个僧人。由于佛经是由白马驮着回来的，明帝为了铭记白马驮经之功，还在京师洛阳建造了中国第一座佛教寺院——白马寺。佛教就这样以戏剧的方式得到了中国官方的承认，自然而然地就在中国传播开来，出现了以光武帝之子楚王英（汉明帝异母兄弟）为首的一批佛教信徒。由此，佛教在中国初步形成了自己的基础和规模。

得到朝廷承认并不意味着佛教的发展之途从此就能一帆风顺。初入中国的佛教在神学盛行、图谶漫天的两汉之际，作出了对佛教发展至关重要的决定——主动附会处于"显学"地位的谶纬和神仙方术，并且向本土文化靠拢。这是弱小事物保障自身成功发展的明智之举。佛教如果在进入中国之初就固执地坚持自身个性的话，必然会受到占据优异地位的庞大势力的排挤和打压，就不可能在这个奉行"非我族类，其心必异"理念的中国长久地待下去，更谈不上所谓的"弘扬佛法"的长远目标了。宗教的发展总是避免不了世俗化。

受中国的"精灵不灭""因果报应"之说的影响，印度早期佛教中的"无我论"被改造成为了"神不灭论"。佛教中的"我"是指每个人心中都存在的绝对精神实体，"无我"也就是"灵魂非有论"。在佛教更换理论软件的同时，这一时期来到中国的僧人也无一例外地被看作身怀绝技的方士。正史所记的中原信佛第一人——楚王英就把佛教同黄老并举，并将黄老与佛教并祀。此外，佛教徒在翻译的佛教经文之中也主动地作出了让步，如汉末名僧安世高就在翻译的经书之中，大量使用中国本土的汉儒惯用的名词，诸如"阴""元气"等。

经过一百多年的努力，至东汉时，佛教逐渐在中原地区传播开来。当时已有许多人崇奉佛教，但对佛教教义的理解还不是很深，经常将佛教与黄、老之学并奉。

最典型的例子是笮融事佛。笮融是东汉末年丹阳地区（今江苏江宁东南）的土豪。据史载，笮融聚集了好几百个人去投靠当时的徐州牧陶谦。陶谦当然很高兴，于是就派遣笮融前去广陵和丹阳监督漕运。陶谦给笮融的是一块肥差，陶谦很明显地表示出自己对笮融的信任和重视。可是笮融却凭借手中的权力，假公济私，放纵手下杀害过旅行人，以杀鸡取卵的方式敛财。他这么急切地需要钱不为其他，只是为了"佛教事业"。

笮融建造的佛寺、佛像都是由铜铸造而成的，佛像遍身都涂了一层黄金后还穿上了锦彩做成的袈裟。新建的佛塔上层按照印度窣堵波（梵语，源于印度的塔的一种形式）式样用金属打造而成，下层则是用中国原有的所谓"望仙楼"多层楼阁式为塔身，这些重楼阁道据说最多可以同时容纳三千人在内课读佛经。笮融修建这么侈丽的佛寺，主要就是为了吸引佛教信徒。他的目光不仅仅停留在周边地区，他还用减免徭役的方法来诱使远方百姓来这里听课讲道，前后总共引诱了五千余家。每逢浴佛会（农历四月初八，中国佛教徒庆祝释迦牟尼佛诞辰的佛教重要节日）时，就在路旁大摆宴席，长达数十里，酒饭都任人吃喝，消耗的费用以巨亿计，百姓来观及就食人数达到了万人之多。可想而知，铺排之奢华，场面之宏大，气势之雄伟，世所罕见。笮融成了汉末的佛教领袖，也刻画了佛教史上兼暴力好杀和虔诚事佛于一身的佛教徒形象。

笮融同楚王英的情况有些相似之处。楚王英虽然信佛谈道，最终却以谋反罪被贬，以致自杀身亡。显然，这两个著名的佛教徒都没有达到佛教提倡的"六根清净"，这不仅意味着刚踏进中国的佛教跟印度佛教有着极大的差别，也意味着我们今日所理解的佛教教义在汉朝佛教的基础上发生了巨大的变化，而这样的变化，部分原因就是儒、道、释三教的长期调和。

东汉末年的佛学家牟子是中原本土主张"三教调和"的开创性代表人物，他开启了漫长的"三教调和"之旅。他以一己之力，杂糅佛、儒、道三教思想，尽管还显得有些粗糙和不成熟，但也反映了时代的风气——"三教调和"势在必行。他的代表作《理惑论》采用辩论的形式宣扬佛教教义。在辩论之中，牟子引用儒道经典，尽量采用中国传统的方式来解释佛教，开了后世"格义"之先。

二、伽蓝胜景

从东汉末年到魏晋南北朝时期，战乱频仍，社会动荡，百姓遭受着巨大的苦难。既然无力扭转残酷的现实，人们便希望在精神上得到解脱。而佛教所宣扬的"生死轮回""因果报应"的思想，人们很容易也宁可去相信，能在"来世"获得今世痛苦的补偿，从而获得虚幻的精神慰藉。

东汉末年，曹操又对民间邪道采取了取缔的政策，此后曹魏的君主也是奉行打击民间祠庙、方士巫觋祝咒以及神仙术的政策。这样，汉以来的长生不老术和神仙思想的发展就受到了压制。本来势力压过了佛教的神秘主义思潮便逐渐消失、隐匿，佛教也就有了继续发展的充足空间。

与此同时，佛教还获得了一个非典型性的有利条件。北方的少数民族政权在被中原汉族人民用"夷夏之防"所排斥、歧视的时候，佛教作为外来"胡"教或多或少也受到了影响，同样具有"胡"的属性的胡人政权就更容易接纳佛教。后赵君主石虎就曾下诏说："佛是我们少数民族的神，正是我们少数民族应该祀奉的。"石虎的言论，或许有助于我们理解为何十六国的国君们基本上都推崇佛教。在这种情况下，佛教在中国迅速传播开来。

佛教在中国的传播，还与佛经的翻译工作密不可分。当时，一些高僧在翻译经书方面作出了突出贡献，促进了中外文化的交流。东晋时期的释道安，是西域高僧佛图澄的弟子。他博学多识，对佛教经典很有研究，他的思想和事迹，我们还将在后文中详述。生于龟兹国的鸠摩罗什，曾游学天竺诸国，遍访名师大德，深究妙义，曾被后秦姚兴接到长安译经，他的许多作品对佛教的发展有很大的贡献。此外，5 世纪初，中国僧人法显从长安出发，越过葱岭，历经艰险到达天竺，带回了许多佛教经典。他著有《佛国记》，是研究中国与印度、巴基斯坦等国交通以及文化交流的重要史料。

这一时期，神权儒学已经无以为继，新的统治哲学——玄学悄然兴起，接替了儒学的位子。学术的风向标已经由玄学来主导。洞察时代风气的佛教于是转而依附玄学，在魏晋时期倚靠新的靠山发展开来。另一方面，玄学同佛教理论的相似性也为他们的相互利用创造了条件。玄学主流思潮宣扬世界的本原是"无"（裴颜的"崇有论"也有一定的地位，但是远远不及"贵无"派的影响巨大），佛教般若学派则主张世界的本质是"空"，并且佛道两派都否认客观世界的真实性，这使得佛教和玄学有许多相通之处。由于当时盛行的般若学的义理很抽象，般若学派在解释般若学时，往往使用玄学的语言进行阐释，这种方法就叫作"格义"。于是佛玄两派互相借鉴，相互影响。据此，佛教得以逐渐脱离汉朝时方术的身份，"进而高谈清静无为之玄致"。在此期间，佛学者谈玄，玄学者谈佛，以佛理解玄，以玄理解佛。发展到了南朝时期，名士学佛更是蔚然成风，僧人同玄学者之间来往甚密。范缜的授业恩师刘瓛显然就是受了这样的风气影响。

魏晋南北朝时期，除一些极力反对佛教的统治者外，历代统治者大都在不同程度上对佛教加以提倡和利用。在统治者的带领下，上自王公贵胄、世家大族，下至平民百姓，都加入了崇佛的行列，佛教的发展曾盛极一时。

梁武帝崇尚佛教到了极致。他曾亲身受佛戒，坚决素食。还先后四次舍身同泰寺，甘愿为寺奴。梁武帝在佛学方面的造诣很深，经常到寺院为僧众讲经说法，召开各种法会。他的佛教著述颇丰，在佛教理论方面，提出了真神佛性论与三教同源说，在中国古代思想史上占有非常重要的地位。梁武帝还大力支持佛经的翻译事业，并组织僧人编纂佛教著作，极大地推动了中国佛教事业的发展。

梁武帝之后，梁简文帝和梁元帝也都崇奉佛教，陈武帝、陈后主也曾舍身出家为寺奴。在王公贵戚中，齐竟陵王萧子良崇佛最甚。他经常在家中设斋，大会诸僧。还召集僧众，讲经说法，并手书佛经七十一卷。一些世家大族，如琅邪王氏、陈郡谢氏、吴郡张氏等也都崇奉佛教。

东晋南朝的统治者大力提倡佛教，花费巨资广造寺院，并给予寺庙以大量的土地和资财。寺院的僧尼人数也随之增多，佛教达到了发展的繁盛时期，出现了"南朝四百八十寺，多少楼台烟雨中"的佛教胜景。

在北方，各个朝代的统治者在建立之初也都崇奉佛教。北齐的佛教非常繁盛，北周初年也曾"佛法全盛"。为了切实履行对佛教的虔诚信仰，北朝统治者还下令修建了多处石窟，最具代表性的是北魏时期开凿的云冈石窟和龙门石窟。中原的世家大族，如清河崔氏、范阳卢氏、荥阳郑氏、陇西李氏、河间邢氏、河东柳氏也多崇奉佛法。同南朝相比，北朝的崇佛也毫不逊色。

就在魏晋南北朝佛教繁盛发展的同时，一些人也从不同的立场出发，提出了反佛的主张，并付诸实践。在北朝，一些统治者也采取了打击佛教的行动，最著名的是北魏太武帝和北周武帝的灭佛。这两次灭佛与唐朝武宗的会昌灭佛并称"三武之厄"。

北魏太平真君五年（444），太武帝拓跋焘认为佛教虚诞，生致妖孽，下令上自王公，下至庶人，有在家私养僧侣、师巫者，都要限期将其交到官府。过期不交的，僧侣、师巫都要处死，主人也要被诛灭满门。太平真君六年，关中一带爆发了以卢水胡盖吴为首的大起义，太武帝亲自率兵前去镇压。在长安停顿时，太武帝在一所寺院中发现了大量兵器，怀疑僧侣与盖吴通谋，立即下令诛杀全寺僧众。信奉道教的宰相崔浩趁机劝太武帝灭佛，于是太武帝下令坑杀全国的僧侣，焚毁天下一切佛经和佛像。佛教在中国历史上第一次遭到了沉重的打击。文成帝即位后，又下诏复兴佛教，佛教才又逐渐恢复发展起来。

　　北周建德二年（573），周武帝宇文邕召集群臣、僧侣、道士等，辩论三教先后，定儒教为先，道教次之，佛教最后。次年，为了打击僧侣地主在经济上、政治上的势力，富国强兵，周武帝下令，禁断佛、道二教，令僧侣、道士还俗，成为历史上第二次大规模毁佛运动。宣帝即位后，佛教再次复兴。

　　在魏晋南北朝时期，无论是崇佛还是灭佛，都是佛教在中国化的过程中，与中国本土文化的交融和碰撞。在此过程中，佛教与中国文化进一步融合，继续发展，再次以崭新的面貌出现在隋唐的历史舞台上。

第3章

慧远与神不灭论

佛教的中国化是一个漫长的过程，因为中国的学术本身就一直不断地更新换代。佛教就不得不对此作出反应，这也算是与时俱进的宗教了。范缜时代的佛教还处于发展的第一阶段。在早期佛教中国化的过程中，出现了一位最重要的佛教理论大师。他的一生几乎与整个东晋王朝相始终，他同东晋佛教一起见证了东晋以前佛教的混乱状况。他致力于推动佛教的发展，促成佛教达到了范缜时代的国教水平。这就是慧远，他是启动下一阶段中国佛教的关键，同时也是中国佛教第一阶段最为彻底的终结者。他是佛教理论大师，也是范缜直接抨击的佛教理论的创造者。

一、衣钵相传

慧远，出生于雁门楼烦（今山西代县）的官宦家庭，年少时同很多官宦子弟一样，很自然地就沿袭家学，成了儒生。他博览儒家六经，擅长《老子》和《庄子》，先是由儒学转到老庄，后来又从老庄转到了佛教。这样的学术背景为他在盛行"格义"佛教的时代转而投身佛门提供了必要的知识积累，同时也为他此后毕其一生致力于融通儒、道、佛三教奠定了坚实的理论基础。

慧远在二十一岁时，前往恒山拜访当时的名僧道安。在听完道安讲《般若经》之后，慧远豁然醒悟，感慨道："儒道九流，皆糠秕耳！"随即拜道安为师，扔掉了束发的簪子，剃度为僧。出家之后的慧远一直随侍在道安的身边，开始了深研佛理的学海泛游。

能令博学的慧远转而出家的道安法师也绝非泛泛之辈，这位师父的来路可是不简单，道安是西域僧人佛图澄的高足。而这个佛图澄无论在中国佛教史，还是在中国历史上都相当有名。晋怀帝永嘉四年（310），六十九岁高龄的佛图澄来到了西晋的国都洛阳，可是他运气不太好，刚到不久，就遭遇了永嘉之乱。劫掠洛阳的匈奴人并不信奉佛教，佛图澄只好避乱，暂时躲了起来。永嘉八年，本来隐居着的佛图澄抓住时机，通过后赵石勒手下信佛的大将军郭黑略见到了石勒。早期来到中国的高僧往往被当作只有一技之长的方士，想必佛图澄这样的佛教中人对此也很清楚，所以他们自己也特意学了些方术作为本事来取媚上层社会。佛图澄练就的这个本事就是用幻术在钵盂中变出莲花。残暴的石勒看到这样的表演很是开心，就这样，佛图澄轻而易举地取得了石勒的信任。佛图澄并不是奸佞之徒，他没有利用这种恩宠为自己谋福利，而是趁机劝说石勒戒凶杀。石氏后赵政权的君主都凶残无比，但有赖佛图澄的劝诫，据说蒙其益者"十有八九"，于是不论胡人还是汉人都开始追随佛图澄，信奉佛法。佛图澄传教的这段时间，恰好是

"五胡之乱"最激烈的时候，也正是从这个时候开始，北方胡族政权开始大规模地接受佛教。虽然佛图澄并没有翻译什么经书，也没有留下什么佛学著作，但是他在乱世中吸收了一大批受众，特别是统治阶层，同时也培养了诸如道安这样的高足弟子，为其后佛教的迅猛发展作出了重要的贡献。此外，佛图澄"酒不逾齿，过中不食，非戒不履，无欲无求"的戒律，也经由道安传给了慧远，与后来慧远在佛教内部的教规改革一脉相承。

道安是东晋著名的高僧。俗姓卫，是常山扶柳（今河北冀州）人。早年也同样因为家族世习儒业，曾经学习过儒学，但是他十二岁的时候就毅然决然地投身进了空门。虽然道安异常聪慧，但是由于他形貌丑陋，所以不受师父和师兄弟重视，而且还被驱使去田里干很重的农活，这一干就是整整三年。道安对此没有半句怨言，在空余时间便全身心精研佛理。由于他看书特别快，早上从师父那里借走的经书，晚上就会还给师父，使得原本很小看他的师父大为诧异，这才送他去受具足戒成为真正的僧人，并允许他出外游学。正是有了这样的条件，二十四岁左右的道安才会在邺城（今河北临漳西）遇到佛图澄，并拜其为师。当时道安的名声已经很大，佛图澄还公开对其他弟子表示："此人远见卓识，不是你们所能比得上的。"此后十几年的时间里，道安都一直跟随佛图澄讲经，还解开了很多佛学上存在很久的疑难问题，获得了"漆道人（漆是指道安很黑，魏晋时期习惯称佛教徒为道人），惊四座"的美誉。佛图澄圆寂不久，石虎也去世了，后赵这个以军事见长、根基却不稳固的政权随即发生内乱，道安只好于东晋永和五年（349）离开了邺城，辗转濩泽（今山西阳城）、飞龙山（今山西浑源），到永和十年，道安抵达河北恒山，建立寺庙。也正是在这里，慧远拜道安为师，并出家为僧。

道安对佛教作出的贡献远远超越了他的师父。他不仅翻译、校注了大量佛经，还重视传教。不同于当时那些隐逸山林、谈玄自娱的名僧，道安积极培养了一批弟子，建立了一个庞大的严守清规戒律、修为极高的僧团，并且不断向外派出传教弟子，积极推进佛教在中国各地的落脚和发展。鉴于僧规不全，道安还设立了许多佛僧戒律，为后来慧远建立僧伽制度树立了典范。道安规定出家人都以"释"为姓，清除"支""竺""安"等杂姓。而这些姓氏原本的意义，或是用来表明出生地，或是沿袭师姓。道安统一姓氏有利于佛教内部清除门派之别，相互团结。

道安兼容并包地学习大乘般若、小乘禅学，这使得他的佛学修为很广博，道安也成为这两派的集大成者。他正是在此基础上建立了"六家七宗"之一的本无宗。盛极一时的本无宗的主要特点就是强调"本无"，祛除外界的烦恼、心中的杂念，根除一切欲望，体会到"本无"，认识到现实世界无形无象的虚妄，以期达到心与"本无"合二为一的最高境界，如此，人就会达到涅槃境界而成为神。

道安对慧远的欣赏同于早年佛图澄对道安的称赞，这或许就是我们常说的高人之所见不同于常人吧。道安常常感叹："能让佛法东传的人，一定就是慧远吧！"对慧远将来的佛学成就满怀信心和期待。由于河南战乱，道安只好接受荆楚豪族习凿齿（他同时也是我国东晋时期著名的文学家和史学家）的邀请，分散徒众四处传教，慧远则被师父特意留在了身边，随师父南下襄阳，继续培养。此后，前秦符坚派符丕攻打襄阳，襄阳危急，此时的道安又被东晋大将朱序强留，不得已，道安只好再次分派徒众。临行前，道安训诲徒众，唯独慧远一人"不蒙一言"。慧远于是跪下对道安说："就我一个人没有受到训教勉励，这恐怕说不过去。"道安却很安心，回答道："对你这样的徒弟，我怎么会有所担忧呢？"从这以后，慧远离开恩师，单独出外传教。那一年，慧远四十五岁。不久，襄阳被攻破，道安也被苻坚掳到了长安，成为北方佛教代表人物。慧远则辗转到了江西庐山，住在江州刺史桓伊为其建造的东林寺，至死影不出山，迹不入俗。从此之后，师徒两人再也没有见过面。庐山的东林寺因为慧远，成了当时南方佛教文化传播中心。

二、净土开山

佛教的发展使得改革的需要越发地迫切：佛学和玄学日益紧密，相互交融，这既促进了玄学进步，也推动了佛教发展。但是毕竟是两种学术，长期缠绕在一起，就不可避免地趋同。玄学名士在接受"格义"佛教的同时，往往就会从自己拥有的玄学知识出发，以玄学模式来理解、解释佛学义理，甚至僧侣也都无法摆脱玄学的思想钳制。这就必然导致佛学对玄学的依附，佛教不可避免地又一次居于次要的地位。其次，当时的佛教信徒太过于关注般若性空的义理，他们受玄学放荡不羁、率意而为风气的影响，甚至连名僧都不拘小节，不重视清规戒律，裸形高歌、日夜酗酒等情况层出不穷，有损佛教的清修。与此同时，由于当时缺乏相应的教规教义，以至于面对僧徒流品混杂、秽行百出的情况时，自身都束手无策。因此，佛教需要的是一次大大的革新。

在佛教内部，慧远继承了恩师道安重视僧团建设的传统，整饬佛教纪律。依据自己对儒家礼制的研究，在儒家重视传统伦理道德的影响下，慧远十分重视佛教律学的修习和戒律的修持。慧远在庐山的严谨修持，以至于其所在的东林寺还获得了"道德所居"的美誉。桓玄擅政之时，曾鉴于沙门秽行百出，决定"沙汰沙门"，单单指出："唯庐山道德所居，不在搜简之例。"而慧远在回复桓玄之际也说："澄清诸道人教，实应其本心。"支持桓玄通过政治手段清理佛教。

慧远十分重视僧徒的修持（佛教徒依佛法修正自己因妄念而产生的种种错误，持戒以止恶扬善，通过持之以恒的实践，而达到求证佛果的目的，此所谓修持）。修持行道包括持戒、修禅、念佛。慧远十分强调修禅的重要性，并且在东林寺内置禅林，专心修禅，这事被后世奉为禅门典范。念佛要求集中思虑，排除妄想，以佛相为观想对象，获得灵感随而获得功德。慧远改变了其帅道安的弥勒信仰，转而尊崇阿弥陀佛，并且在元兴元年（402）"于精舍无量寿像前，建斋立誓，共期西方"，据说当时有一百二十三人参加。因为在池中植白莲，于是将该僧团赋以"白莲社"之名。慧远的阿弥陀佛信仰被后世认为是净土宗的始举，慧远也被奉为净土宗的始祖。

慧远身居庐山，足迹不入世俗，但是并不代表他就完全地断绝了与外界的联系。事实上，慧远不仅与外界联系紧密，而且还与上层人物交往甚密。但是慧远很聪明地避谈政治，虽然交往权贵但绝不卷入政治斗争之中，一直用超脱世俗的方法来处理佛教与当权者的关系。在当时东晋极其复杂、朝生暮死的政治环境中，慧远为佛教的平稳发展提供了有力的保障。

慧远同东晋政权唯一的一次正面交锋就是沙门不敬王者之争。

佛教认为世俗是烦恼和痛苦形成的原因，因此佛教徒出家为僧后，不应再受世俗礼法的约束。僧人见到家人，甚至君王，都不再跪拜，而只是合掌致敬。佛教的这种教规与世俗礼教的尖锐对立，常常引起士大夫阶层的强烈抗议。东晋时，这个原本就已经很尖锐的矛盾又进一步激化。东晋是门阀政治的时代，皇权衰弱，东晋皇帝不仅需要通过佛教来加强对百姓的思想控制，平息百姓对乱世的怨怒，更需要缓和统治阶级内部矛盾，保住自己岌岌可危的皇位。正因为如此，东晋皇帝都信佛，很多还达到了痴迷的程度。皇帝在皇宫建立佛龛、香台，日夜跪拜，僧人也频繁地出入皇宫。僧侣与皇室、权贵之间接触日益增多，高高在上的皇族和当权的朝臣就对僧人的特权越来越在意，沙门需不需要致敬王者的问题就变得愈发突出。

以庾冰、桓玄为首的东晋大臣就指责佛教僧侣应当致敬王者。慧远在这个问题上表现出了自己决心革教、护教，但是又不得不依附政治的两面性。一方面，他的态度很坚决。他站在佛教的立场，维护佛教徒的权利，作了《沙门不敬王者论》，坚定佛教超脱世俗的原则和立场。另一方面，宗教维护皇权、服从政治权威的本性又迫使他作出让步。他将信众分为在家奉法的居士和出家为僧两种，佛教对这两种人的约束力不尽相同：前者应当遵守儒家道德规范，致敬王者，顺应世俗礼教；后者则不敬王者，维持佛教的独立宗教生活和自主地位。慧远"博综六经"，得以竭力调和名教和佛教两者之间的矛盾。他认为佛教教义和儒家经典、礼教都是在各自的范围内发挥作用，而彼此的目的实际上是完全一致的。他说儒家所说的孔子不回答子路关于生死鬼神的问题，不是因为儒家不信鬼神，而是因为儒家经典只讲今生的事，不讲前世和后生。佛教和其他学派的精神实质是完全无差别的。

沙门不敬王者之争是慧远毕生追求肃清佛教，同时又重视世俗信仰的反映。进一步讲，也是佛教力图作为独立宗教而存在，同时又是作为现实政治宗教工具希图依靠政治发展，处于依附政权地位的委婉表现。

三、神不灭论

佛图澄、道安、慧远三贤相承，并不是简单的知识传递。类似于道安对佛图澄学说的发展，慧远的佛学思想也并非只是简单地继承道安的般若理论，而是在相当意义上偏离了东晋流行谈"空"的般若学思潮，在思维理路上已经由谈"空"趋向谈"有"。为了改变"格义"以来佛教附属玄学的局面，道安就曾主张放弃"格义"。然而，道安的成果依然过于艰涩深奥，只适用于上层知识分子，并不利于在下层百姓中传播。佛教在上层的成功推广已经让佛教的发展任务转移到了寻常百姓的身上。关注世俗信仰的慧远，接过道安肩负的责任，进一步推动了佛教中国化的进程。

慧远佛学思想的主旨为般若学的"本无"说，主要包括神秘的出世主义、神不灭论、因果报应说以及调和佛教与儒家名教的矛盾。

魏晋时期，玄学三派之一的"贵无派"特别盛行，于是道安在"贵无论"的基础上，提出了"本无论"思想。"本无论"强调精神第一性，认为物质世界是由精神派生出来的，属于第二性，精神本体才是最真实，这就为佛教出世的信仰主义开辟了道路。

慧远发展了道安的学说，从唯心的"本无"说出发，宣扬神秘的出世主义。慧远的出世主义是以"法性"本体论为理论基础。在其《法性论》一书中，慧远介绍了法性思想。与慧远齐名的北方佛教领导人鸠摩罗什就十分推崇该书。慧远的法性论认为，法性就是佛教所谓的绝对真实的存在，是宇宙的本体。法性其实也就是佛教所谓的最高境界和最后归宿——涅槃。进入涅槃境界，也就成了佛。人一旦体认到了法性，就会达到最高境界——涅槃，也就会无生无灭，永恒常驻。法性论也就与中国传统的神秘主义长生思想和道家所宣扬的"长生久视"联系了起来。

慧远认为一切现象都是由法性产生出来的，法性是万物现象的总根源，即所谓"法性无性，因缘以之生"。法性本身并没有实体，法性是虚无的，是无性之性，是空性。法性又是超时空的绝对，法性是不变、无变、无穷的，是超时间的，法性排斥任何变化和发展，是绝对的。法性还是宇宙万物现象的最后归宿，即"有无交归"，一切现象最后都返归于法性。慧远的法性，实际上是超越有无，派生万物，且独立存在的绝对精神实体。慧远所说的法性，并不是自创的，我们可以明显地看出来，法性与道家所说的"道"很相似。但是两者之间却存在根本性的区别：佛教的法性论强调宇宙的本体是精神，而道家的"道"指向的是唯物主义的自然规律。法性同"道"的这个特点与佛教同玄学相交融的时代背景有关，这就注定了佛教理论也带有玄学的这个特点，这个时候的道家学说在魏晋时已经被玄学化了，但是仍然以老庄思想为源头。

以法性说为基点的出世主义，是慧远佛教哲学思想的核心。慧远主要通过两个途径来表现他的出世主义的思想：一方面提出法性，即宇宙的本体，并赋予其神秘化和人格化，促使人们去体认本体，与本体合二为一，达到涅槃；另一方面，宣扬人生多痛苦，生命不幸，人世是苦痛的来源，留恋人世间就必定要陷入轮回的苦海，而要摆脱痛苦就必须出世，回到派生万物的本体中去。

慧远的形尽神不灭理论，是关系到人能不能成佛的根本问题，是慧远的出世主义和因果报应的理论支柱，是他的全部佛教学说的前提。

所谓"神"就是人的精神、灵魂。慧远认为，人之所以有意识活动，就是因为有神（精神）附着在人的形体里面。精神一旦离开人的形体，形体就会表现为死亡，但精神却不会因为形体死亡而消失，它还可以转附到其他的形体中去。慧远把人的身体比作供精神居住的屋子。屋子完好时就有居住的作用，反之就会失去居住的作用，精神也就会转而寄居到其他的房子中去。也就是说，精神是一直存在的。而永恒存在不灭的精神，就是痛苦轮回的受体。形尽神不灭论，也就成了出世主义的支撑。

针对历代反对神不灭论的唯物主义观点，慧远也与时俱进地发展了佛教的形神观。他在肯定人的形体拥有一个精神主宰的大前提之下，认为精神感应地、水、火、风——佛教所谓"四大"，使之结合成人的形体，即"四大之结，是主（精神）之所感也"。虽然承认人的形体是由物质构成的，但是物质的作用被明显地降低了。慧远还利用自庄子以来被反复使用的薪火之喻来表达自己的形神观："火之传于薪，犹神之传于形。火之传异薪，犹神之传异形。"慧远利用了无神论薪火之喻的缺陷，把精神比作火，形体比作柴，火能在不同的柴之间传递，就如同精神在不同的形体之间转宿一样。正是由于慧远已经将薪火之喻逆转来支撑神不灭论，并且这种状况已经到了不便回转的地步，范缜才会放弃薪火之喻，改为将形神喻为刃与利的关系。

慧远的因果报应论是佛教内在信仰的核心，特别是中国的佛教，成佛、六道轮回都是在说因果报应。

因果报应论在中国由来已久，是传统神秘主义思想的重要内容之一。先秦时代，宗教迷信思想中就已经存在了因果报应思想。如《尚书·皋陶谟》所述："天命有德，五服五章哉！天讨有罪，五刑五用哉！"意思是：皇天让有德行的人做天子、诸侯、卿、大夫、士；而对待有罪行的人，就用墨、劓、剕、宫、大辟五种刑罚，以示惩戒。《周易·坤·文言》又云："积善之家，必有余庆；积不善之家，必有余殃。"意思是：有善行的家族，必定恩泽子孙；积累恶行的家族，就必定会殃及后辈。西汉时，大儒董仲舒的天人感应目的论也有鲜明的因果报应色彩，他在《春秋繁露》中便表述了他的报应观："灾者，天之谴也；异者，天之威也。谴之而不知，乃畏之以威。"也就是说，人如果违反了上天的意志，就会引起天的震怒，上天便会制造出各种灾异，以示谴责。天降灾异之说实际上还成了士大夫规劝当政者从善勤政的理论基础。

西汉时期，司马迁就批判过因果报应说："或曰天道无亲，常与善人。若伯夷叔齐者可谓善人者非邪？积仁累行如此，而饿死……天之报施善人，其何如哉！"司马迁认为，道家认为上天不分亲疏人，常常给予行善之人福报。但是伯夷和叔齐不是善人吗？他们积聚仁义，修饬品行到了无法超越的高度，最后还是被饿死了，所谓的上天的福报善人在哪里呢？东汉的王充则用性命自然说反对善恶报应论，他认为世上根本就没有所谓的命运主宰，死生寿夭、富贵贫贱都是禀自然之气而成的。虽然王充对因果报应的反驳具有明显的不足，但是还是站在唯物主义的立场给予因果报应论以强烈的打击。王充的这种思想后来成为无神论者反对佛教因果报应说的有力工具。南朝刘宋时期的科学家何承天也公开反对善恶报应论，他认为佛教的善恶果报并无事实根据，只不过是劝人向善、方便传教的手段罢了。

　　佛教传入我国之后，大力宣扬"业报轮回论"。慧远继承了印度佛教的业报轮回思想，再结合本土的宗教迷信思想，系统完备地阐述了佛教因果报应之说。业，来源于梵语，本义是"造作""行为"。佛教所谓的"业"，是指众生有意识的一切行为活动和意识活动。"业报"就是众生所作的或善或恶的业，这些都必然会产生各种祸福苦乐等等的果报。业报循环就造成了人生的轮回。

　　在神不灭论的基础上，慧远用"三业三报论"和"明报应论"全面系统地论述了自己的因果报应观。

　　三业包括身、口、意三业，就是人的行为、说话和意识活动。业又分为三种性质，包括善、恶和无记。所谓无记即是指不善不恶，因此三业其实就是两种：善和恶。凡是符合礼教道德规范的，基本上都被划到了"善"当中。慧远认为"业有三报：一曰现报，二曰生报，三曰后报。"现报就是指善恶始于此身，即此身受；生报者，来生受报；后报者，或经二生、三生、百生、千生，然后乃受。根据因果报应的理论，人死之后，依据前生所造的业，转生成为高于或低于此生的人或其他东西，此即所谓的"轮回"。人的生命不限于此生，还有前生以及后生，即所谓的"三世"。

慧远认为人的精神因为有了形体，就会对自己特别偏爱，因为有欲望就会去做很多事情，善恶也就相继进行，祸福苦乐随即而来，积善便有善报，作恶就会遭殃。慧远是在人的精神活动和精神不灭的基础上来说明报应的根源和受报应的主体，从而建立了完备的因果报应之说。

慧远还利用因果报应的理论解释了人有高下的原因，他认为人的高下区别是前生所做的善恶的报应，为等级存在的合理性提供了神秘主义的论据支撑，使得等级制度合理化，从而肯定了门阀制度的不可逾越性。

慧远宣扬因果报应之说的目的不在因果报应论，而是为了超越因果报应。他认为业起源于人的心，从而产生业报。人心往往执着于对外物的贪恋，从而不断地轮回，轮回之苦也就无穷无尽。所以，慧远认为为了摆脱生死轮回，就要停止精神活动。遵守佛教教义，超越世俗的束缚，不因爱憎等感情牵累自身，进而也不会以生命牵累精神，从而达到宗教修养境界，人的精神就停止活动，对外界无所求，超越了因果报应，达到涅槃的境界。

慧远的学说，从哲学上来看，属于主观唯心主义思想。立足于神不灭论的基础上，认为人的精神同地、水、火、风四种物质元素一同构成了有生命、有思想的人。人的精神对外界的爱憎、贪恋造下业，从而引起业报，人的生命也存在于不断的轮回之中。慧远提出的由心到物的因果报应，与由物退归到心的法性，以及贯穿其中的神不灭论构成了慧远佛教哲学思想的主体框架。

第4章

神灭与神不灭论的交锋

当佛教在南北朝发展到顶点时，崇佛和反佛这一对作用力与反作用力也创造出了一位存在于那个时代但是又超越了那个时代的唯物论思想家 ——范缜。神灭论思想出来已久，并非范缜首创，然而却由范缜将其发挥到了极致，由神灭论思想为核心的反佛理论由此达到了中国古代反佛思想史上的最高点，非但大大超越了前代的思想家，并且还让后世学人望尘莫及。

凝聚范缜思想精华的《神灭论》，完成于亲身经历的两次大规模的论战之后，第一次发生在南齐时代，第二次是在梁武帝时期。正是在多次剧烈的思想冲击下，范缜的神灭论思想才得以不断深化和完善。

一、崇佛抑佛之间

范氏家族除了范缜之外，还有一位公开反佛的无神论思想家——范晔。

范晔，字蔚宗，是南朝刘宋时期的史学家，其史学作品就是与《史记》《汉书》《三国志》合称为"四史"的《后汉书》。范晔的祖父范宁，是《春秋穀梁传集解》的作者，也就是范缜高祖范康的亲兄弟，换句话说范晔是范缜的族叔祖。范晔的那一支族，比范缜这一支要显赫一些，范晔的父亲范泰在东晋末年就在政治上亲刘裕集团，因此在刘宋王朝建立之后很得势。入宋后官拜金紫光禄大夫，加散骑常侍，后又领国子祭酒。宋武帝刘裕曾与范泰一同登城，因为范泰有足疾，刘裕还特赐范泰乘舆，宠爱之盛，可见一斑。

早年受父亲、祖父的影响，范泰很早就成为佛教徒，他交好僧人竺道生，著有《与诸道人论大般泥洹义》《与诸道人论般若义》《答谢宣明（谢晦）难佛理》等文章。晚年的他更勤于事佛，永初元年（420），在都城邸第的西半边建造祇洹寺，后来又将六十亩果竹园捐给了祇洹寺。作为佛教檀越（施主）的他小心翼翼地呵护着祇洹寺的发展。

范泰还涉及一件佛教史上的大事——踞食之争。众所周知，古时候的人是席地跪坐，臀部放于脚踝，上身挺直，就如同现在日本人的坐姿，这就是在《礼记》中被强调的"坐有坐相"——正坐。而踞坐（也就是箕踞）是指两脚张开，两膝微曲地坐着，形状像箕。古代中国人的生活被一套套的礼法所约束着，他们必须严谨地遵守复杂的规矩，不然，就是违背名教，就等同于做出了粗俗不堪的行为，受万民唾弃。而踞坐往往被认为是礼教所不能容忍的、傲慢无礼的行为。历史上也有踞坐名人，他们往往都是对抗礼教的典型，其中最出名的就是汉高祖刘邦，踞坐也成为刘邦生性顽劣的一大明证。刘邦接见郦食其时，就踞坐在床上让两个女子给他洗脚而被郦食其责备。荆轲刺杀秦王失败之后，就箕踞开骂，以表示对秦王的侮辱。

然而，与中国礼俗不相容的踞坐却是佛教徒的一种生活习惯。东晋僧人法显从天竺带回《摩诃僧祇律》后，在义熙十二年至十四年（416~418）之间，将梵文版的《摩诃僧祇律》翻译成汉文版的《摩诃僧祇律私记》，此书中就包含了印度踞坐取食的内容。在佛教盛行的时候，这本受高僧推崇的佛经很快就流传开来，祇洹寺的僧人也接受了踞坐的做法，这让有浓厚礼教思想的范泰很恼火。范泰的家族是典型的官宦之家，世代都奉行儒家礼制，他的父亲范宁在《春秋穀梁传集解》中就表现了浓厚的礼制思想。范泰作为范氏家族思想体系的一员，认为正坐就是中国礼教的象征，随即就以礼教卫道士的身份对踞食的僧人发起了攻击。踞食之争从刘宋元嘉三年（426）一直延续到元嘉五年范泰过世，牵扯范围之大甚至还惊动了宋文帝，但是最后却不了了之，并没有得出谁对谁错的结论。但是踞食之争不仅揭示了当时佛教影响力的巨大、佛教中国化过程并未完成的事实，还影响了范泰的儿子们对待佛教的态度。范泰死后，他的第三子范晏就夺回了范泰之前捐给祇洹寺的果竹园。范泰儿子中对佛教态度更强硬的就是范晔，他直接否定的是佛教本身。

范晔是范泰的妾生子。母亲把他生在厕所里，他的额头还被砖磕伤，因此以"砖"为小名。范晔不仅得不到父兄的宠爱，还很早就被父亲过继给了范晔的从伯父，也就是范缜的曾祖父范弘之。但是他毕竟是范家的人，范泰在刘宋的地位或多或少还是惠及范晔，更何况范晔也相当有才华，这些都铺就了范晔的仕途。刘宋初创，范晔就被征辟为皇子彭城王刘义康的冠军参军，其后不断调任。放荡不羁的范晔因为在彭城王母亲的丧礼时酣饮，还打开窗户听挽歌助乐，从而得罪了彭城王，被贬为宣城太守。于是，人生不得意的范晔便在宣城任上开始撰写《后汉书》，在该书中范晔表达了自己的无神论思想。

他在《西域传》论中说："至于佛道神化，兴自身毒，而二汉方志莫有称焉……贤懿之所挺生，神迹诡怪，则理绝人区，感验明显，则事出天外。而（张）骞、（班）超无闻者，岂其道闭往运，数开叔叶乎？不然，何诬异之甚也！"意思是说，佛教的神灵教化，兴起于印度（中国古代称呼印度为身毒），但是我们的汉代文献并没有记载过此事。那个地方，是德性贤美之人生长之处，还有一些形踪诡谲且怪异的神灵，如此说来，那里更像是一个仙境，而不应该存在于凡间。并且佛教还能明确地应验先前的感悟，这样离奇的事情只能说是出自天外了。张骞和班超都没有听说过这么神奇的事情，难道是因为道路封闭不能通闻，到了后世才能知道的缘故吗？不然的话，为何要编造如此谎言来欺骗人呢！他明显地表示了对佛教所宣传的起源之说的不信任，指出那是后世编造的。

他说佛教"好仁恶杀，蠲敝崇善"，是佛教仁慈的一面，也是贤人君子喜欢佛教的原因。但是佛教"好大不经，奇谲无已，虽邹衍谈天之辨，庄周蜗角之论，尚未足以概其万一。又精灵起灭，因报相循，若晓而昧者，故通人多惑焉"。指出佛教经常说一些荒诞不经、奇谲无比的事情，实在是比"尽言天事"的阴阳家邹衍还不可信，比庄子所说的蜗角上建立了两个国家的事情还要荒谬得多。佛教利用"精灵起灭"和因果报应之类的谬论来迷惑大众，这是极其荒谬的，信佛之人也是非常愚昧的。

范晔虽然表示对佛教不友好，但是他并没有展开对佛教的理论批判，也没有对自己的观点进行充分论证。但是范晔是无神论者无疑。骄傲的他还对信佛的士大夫用反语进行讽刺，称呼他们为"通人""贤达君子"，同佛教相对立的立场很明确。

元嘉十七年（440），范晔仕途开始好转，官位升至太子詹事。但这段时间的幸运更像是他人生的回光返照。元嘉二十一年，孔熙先等人企图谋反，拥立彭城王刘义康为帝。范晔受孔熙先拉拢，也参与其中。但这次谋反不久就失败了，范晔也自然免不了死罪。据史载："晔常谓死者神灭，欲著《无鬼论》；至是（刑场执行死刑之时）与徐湛之书，云'当相讼地下'。其谬乱如此。又语人：'寄语何仆射（何尚之）。天下决无佛鬼。若有灵，自当相报。'"笃信神灭论的范晔，到了刑场还不忘写信给徐湛之，嘲笑对方，并说反话，要跟徐湛之在地下打官司。还让人带话给阴谋杀害他的佛教信徒何尚之，同后者进行不屈的信仰斗争。

范晔反佛对范缜思想的影响程度，我们无法估量。但是范氏一门与佛教的渊源，从既崇信又矛盾的纷冗繁杂的关系，发展到范晔之后坚决反对的状态这一过程，无可否认，范缜也参演其中。从无神论史来看，范门跟佛教的复杂关系是推动范缜走在神灭论单行道上的驱动力之一；从范门跟佛教关系的发展过程来看，范缜正是这段剪不断理还乱的关系的终结者。

二、神灭语出惊朝野

在萧齐的王公贵戚中，竟陵王萧子良不仅是文学大家，同时他还是一个虔诚的佛教徒。他经常在家中设斋，大会诸僧。还召集僧众讲经说法。每次他都会亲自为僧人做杂役，当时人都认为他有失宰相的体面，但萧子良却不以为然。他认为修持佛法、劝人向善才是第一要务。为了践行自己的佛教信仰，他曾经设立了名为"六疾馆"的慈善机构，用于救济穷人。同时还亲自抄写了佛经七十一卷。在萧子良等人的影响下，佛教在南齐一度出现了繁盛局面。

范缜是一个不折不扣的无神论者，然而他却凭借着自己的文学才华出现在萧子良的西邸文士集团中。在文学上，萧子良与范缜有着共同的兴趣和志向；然而在思想信仰方面，他们二人却是绝对的对立。范缜与萧子良的思想矛盾主要是神灭论与神不灭论的对立，神灭论是唯物主义的形神一元论，而神不灭论则是唯心主义的形神二元论。实质上，这两种思想也是无神论与佛教有神论的对立。因此，就在范缜加入西邸一年多后，双方的思想终于发生了一次剧烈碰撞。

永明七年（489）的一天，萧子良的西邸宾客云集，其中既有满腹经纶的文人才子，也有精通佛法的高僧大德，范缜自然也列席其中。范缜在西邸的这一年多时间里，除了研习文学外，耳朵里听到的都是僧人们讲论佛法的声音。其中，最令范缜反感的就是佛教的因果报应理论，因此他经常在萧子良面前表达自己的无神论思想，大力宣扬"无佛"主张。笃信佛教的萧子良自然对范缜不以为然，二人经常围绕神灭与神不灭展开辩论。这一天，萧子良在众多宾客面前向范缜发起了挑战，二人围绕因果报应问题展开了论战。

面对席上的范缜，萧子良首先发难，问道："范先生，你既然不信因果报应，那么人世间为什么会有人富贵，而有人贫贱呢？"萧子良认为，人世间的富贵与贫贱完全缘于因果报应。在萧子良看来，人之所以会富贵，就是在前世或今生做了善事，而之所以会贫贱，则是做了坏事遭到的报应。范缜听罢，缓缓站起身来，向萧子良躬身施上一礼，慢慢答道："人之生譬如一树花，同发一枝，俱开一蒂，随风而坠，自有拂帘幌坠于茵席之上，自有关篱墙落于粪溷之侧。坠茵席者，殿下是也；落粪溷者，下官是也。贵贱虽复殊途，因果竟在何处？"范缜这句话的意思是：人生就好比是开在一棵树上的花，当这些花随风飘落之时，有的花被帘幌所招拂而坠落在茵席之上，而有的花则碰到篱墙而落在粪坑之侧。那些坠落在茵席上的花，就是高贵的殿下您啊；而掉到粪坑边上的花，便是贫贱的下官我。人世间虽有贵贱之分，但这和因果又有什么关系呢？范缜的一席话竟然说得萧子良一时语塞，席上的众宾客也听得哑口无言。

在这次神灭与神不灭的首次交锋中，范缜巧妙地使用花随风落的比喻驳斥了佛教的因果报应论。当然，在这一比喻中，范缜的思想具有明显的偶然论倾向。他认为人之所以会富贵或贫穷均与因果报应无关，这种现象完全是偶然的。然而，偶然性虽然和事物发展过程的本质没有直接关系，但其后却常常隐藏着必然性。人们可以透过复杂的偶然现象来揭露事物发展的客观规律。因此，范缜虽然驳斥了因果报应论，但他却没有看到造成富贵贫贱的必然性之所在，因此这种简单的偶然论带有一定的局限性。

范缜在这次辩论后，开始系统地从理论上反思因果报应论的荒谬之处，认为有必要逐条驳斥因果报应论，于是便开始着手撰写《神灭论》。在首次构建神灭论思想体系的过程中，范缜将反佛的矛头直指慧远佛教理论的根基——"形尽神不灭论"。范缜坚持物质第一性的原则，系统地阐述了自己无神论的思想。他指出人的神（精神）和形（形体）是互相联系、不可或缺的统一体，即"神即形也，形即神也，形存则神存，形谢则神灭"，强调形神的不可分离性。他把人的形体与精神的关系，比喻成刀同锋利的关系，认为"形者神之质，神者形之用""神之于质，犹利之于刀，形之于用，犹刀之于利""未闻刀没而利存，岂容形亡而神在"，即形体是精神的基础，如同刀的锋利不能脱离刀本身一样，精神也不能脱离形体而存在。范缜的《神灭论》，发展了古代的朴素唯物主义的理论成果，在我国古代唯物主义无神论思想发展史上具有重要意义。

　　范缜的《神灭论》一出，让笃信佛教之人无法容忍，一时造成"朝野喧哗"的局面。竟陵王萧子良仍不甘心，他又召集了许多善辩的僧人一起同范缜论难。太子舍人王琰也是信奉佛法之人，他在这个时候挺身而出，从儒家提倡祭祀祖先而给灵魂不灭留下了把柄来攻击范缜。他对范缜首先发难："那位范先生都不知道他祖先的魂灵在哪里啊！"这句话的杀伤力很大，甚至从儒家伦理的立场出发，根本就找不到直接反驳的入门。如果强行突破，还会落得个名教罪人的千古骂名。范缜听罢，却从容答道："王大人知道他祖先的神灵在哪里，却不杀死自己去伺奉他的列祖列宗！"这样，不仅躲开了王琰的强势攻击，还借力打力，狠狠地反击了王琰，驳得王琰哑口无言。萧子良眼见论难已经不可能获胜，为了减小范缜言论对佛教信仰的不利影响，就派"竟陵八友"之一的王融用功名利禄去诱惑范缜。王融对范缜说："神灭论的观点的确是错误的，而您却非要坚持这种错误的观点，这样做恐怕有损名声与教化吧。以您的才德，根本不用担心做不到中书郎这样的高官呀，您现在违忤失当居然都到了这种程度，依我看，您还是放弃神灭论的思想吧!"

王融短短的几句话揭示了两点:其一,功名对于王融来说很重要。事实上王融就是一个自恃其才、急躁求进之人。他估摸着自己在三十岁前,就能做上宰相。但是由于一直都升迁无望,心中有所不平。所以当齐武帝病重之际,王融没有担心君上的康健,也没有忧心国家的安稳,而是认为上天赐给了他一个绝好的时机,随即就起了歹意,打算矫诏拥立萧子良为帝。然而他的计划却以失败告终,可怜王融这么一个大才子,宰相没做成,还被朝廷赐死,落了个叛贼的骂名。其二,范缜的才华足以担任中书郎一职。虽然在萧齐之世,范缜还没能发展到那个地步,但是后来范缜在萧梁时确实坐到了中书郎的位置。范缜也就是在中书郎的职位上时,爆发了更大规模的神灭与神不灭论之争。

此时的范缜对于王融如此有失体面的言论,难以掩饰自己的轻蔑之情,哈哈大笑起来,他慢慢答道:"假使我范缜是靠出卖思想来换取官位的人,早已经做到尚书令、尚书仆射这类的高官了,怎么才止中书郎呀!"北宋著名史学家司马光曾在《资治通鉴》中评论道:"才德全尽谓之圣人,才德兼亡谓之愚人,德胜才谓之君子,才胜德谓之小人。"相较那些"卖论取官"的"才胜德"之辈,范缜完全就属于极少见的"才德全尽"之人。

在此后不久,范缜连续两次被调任,离开了尚书省,最后还派去宜都做了太守。显然,崇佛的中央系统无法容忍范缜的异端思想。萧齐王朝跟大多数王朝一样,政治跟学术思想是相关联的,容不得一点异样的声音。然而,这样的打击并没有使坚强的范缜在思想上发生丝毫改变,他一直坚守着自己的神灭论思想，还对当地的民间宗教祭祀进行清理，并下令禁止祭祀伍相庙、唐汉三神庙、胡里神庙。就在此时，范缜的母亲病逝，作为孝子，他只好辞官守丧，自此至梁初，他都没有出仕任官，一直隐居在南州。

三、神灭论的定型

范缜的人生因为有两个人物的存在，而变得异常精彩。

竟陵王萧子良是其中之一，他让范缜的神灭论思想得到了展示，却也让范缜的仕途跌入谷底。第二个人物是梁朝的开国之君萧衍，是他将范缜从谷底再次拉回，使范缜重新回到大众的视野之中。然而萧衍的信仰却同萧子良一致，与范缜的思想依然形同水火。

梁武帝萧衍，字叔达，小字练儿，是南兰陵中都里（今江苏常州）人。他博学多才，琴棋书画，无一不通。不仅有雄才大略，而且文武全才，被当时的名流所推崇。竟陵王萧子良曾经开西邸，招揽文学之士，萧衍与沈约、谢朓、王融、萧琛、范云、任昉、陆倕等文士经常来往，号称"竟陵八友"。

萧衍以卓越的文才闻名于世，但他最突出的事迹还是对佛教的极度崇尚。

萧衍自幼研习儒学经典，成人后又开始接触并信奉道教，称帝后也没有放弃道教信仰。萧衍与当时著名的道士陶弘景关系密切，每当他遇到军国大事需要裁断，就派人到山中去找陶弘景请教，从而使陶弘景有了"山中宰相"的称号。但是，晚年的萧衍又舍道归佛，崇尚佛教到了极致。

出于践行他对佛教的虔诚信仰，萧衍于天监十八年（519）

亲受佛戒，过上了佛教徒的生活。为了贯彻他的素食主张，萧衍撰写了《断酒肉文》，禁止僧众吃肉，并将吃荤的僧徒依法治罪。同时，萧衍自己也身体力行，坚决素食。更有甚者，萧衍曾丢弃皇帝的身份先后四次舍身同泰寺，甘愿为寺奴，每次都是群臣花费亿万钱财才把他赎回来。萧衍曾花费巨资广造寺院，著名的佛寺有同泰寺、光宅寺、智度寺等，还在寺中铸造佛像，如光宅寺的无量寿佛、弥陀铜佛像，同泰寺的十方银像等，并给予寺庙大量的土地和资财。

萧衍在佛学方面的造诣很深，他经常到寺院为僧众讲经说法，召开各种法会。中大通元年（529）九月，萧衍驾幸同泰寺，设四部无遮大会，竟有道俗共五万多人参加了这次大会。萧衍在《般若经》《涅槃经》《法华经》等方面的研究上，颇有心得。主要的佛教著述有《摩诃般若波罗蜜经注解》《三慧经讲疏》《制旨大涅槃经讲疏》《大品注解》《净名经义记》《制旨大集经讲疏》《发般若经题论义并问答》等，还撰有《立神明成佛性义记》《敕答臣下神灭论》《宝亮法师制涅义疏序》《述三教诗》等佛学文章。

在佛教理论方面，萧衍将中国传统的心性论、灵魂不灭论和佛教的涅槃佛性相结合，提出了真神佛性论，主张"神明成佛"，即认为人的精神和灵魂是成佛的原因。萧衍还提出了三教同源说，认为儒、道二教同源于佛教，老子、孔子都是释迦牟尼的弟子。由此可见，三教不仅是可以会通的，而且三教的社会作用也是相同的，都是教化人为善。萧衍的三教同源说在中国古代思想史上占有非常重要的地位。

萧衍还大力支持佛经的翻译事业，曾优待外国僧人僧伽婆罗、曼陀罗、真谛等人进行译经工作。同时，萧衍还与一些知名的国内僧人关系密切，对他们十分器重。还曾组织僧人编纂佛教著作，极大地推动了中国佛教事业的发展。

在萧衍的大力推动下，梁代佛教达到了南朝佛教发展的极盛时期。

据史载，当萧衍带兵攻打京师建康时，"缜墨缞来迎"。墨缞就是黑色的丧服，范缜当时正辞官在家为母亲守丧。现如今，范缜穿着为母亲服丧的衣服就前来投靠，使得原本在竟陵王西邸时就同范缜相识的萧衍非常高兴。这不仅有友人之间惺惺相惜的因素，更重要的是新政权在招揽人心政策的成功。范缜如此急切地去觐见萧衍，也表明了他对旧政权的失望，以及对新政权的期许。

萧衍不久就攻下了建康，于是就安排范缜做了晋安太守。范缜在任期间，仍然保持着范家门风，为官清廉节俭。不同于其他大肆搜刮的贪官污吏，他只靠着微薄的俸禄过生活。不久，范缜升迁为尚书左丞。他在回京城之际，即便是亲戚也一无所赠，唯独送了些吃的给挚友王亮。范缜同王亮的友谊从齐世一直延续到了梁朝。有人说真正的友谊像美酒，越陈越醇厚，他们两人就属于这类情况吧。然而，谁都不会想到，范缜的晚年生活却因为这段友谊而更加坎坷。

天监二年（503），王亮因为得罪了梁武帝而被贬为庶人，这令范缜非常痛苦。他一再地为好友求情，却并没有使梁武帝回心转意。按理说，王亮也是西邸故人，梁武帝怎么就不能宽容他呢？个中缘由，还得从萧衍起兵反齐之时说起。王亮既不同于范缜，早早就去投诚，也不像其他文武百官，跑到城郊的路旁迎接起兵的主帅或者给萧衍的"义师"送诚款。因此，在平定天下之后，虽然百官都推举王亮为丞相，梁武帝却没有同意。但是他也没处罚王亮，只是责怪了他几句。慢慢地，王亮的官也做得越来越大，已经坐上了尚书令和侍中的位置。天监二年的正月初一，梁武帝朝会万国。国家庆典，百官都必须出席，况且这时候的王亮已经位极人臣了，自然应当为百官做好表率，为国事尽心尽力。然而，王亮却上报自己生病了，请假不往。他要是真病了都还好，问题是他根本就没有生病，只是在装病。他还另摆了宴席，自己倒是玩得很开心。几天之后，梁武帝就知道了真相。王亮这可是犯了欺君大罪呀，更重要的是让皇帝很没面子，要是传了出去，丢脸都会丢到外藩去。新仇旧恨交织在一起，注定了王亮的悲剧下场。不久，御史中丞乐蔼便弹劾王亮"大不敬"，恳请将王亮"弃市"。"大不敬"这就是后世常说的"十恶不赦"的十条之一，而"弃市"就是在闹市区把犯人杀死后还暴尸街头的酷刑，一般用于处决罪大恶极之徒。梁武帝虽然很生气，但是考虑再三之后还是决定免除王亮的死刑。可是，死罪能免，活罪难逃，王亮随即就被削除爵位，贬为庶人。

　　天监四年，梁武帝在华光殿宴会群臣，让大臣们直言朝政得失。这时，心有怨言的范缜直接站起来便说："司徒谢朏本来就徒有虚名，陛下您却把他提拔到这么高的位置。前尚书令王亮颇有政体，陛下您却把他贬为庶人。臣愚昧，不知道朝政得失在哪里。"在满朝文武面前，范缜没给梁武帝留一点情面，武帝立即震怒。御史中丞任昉趁机弹劾范缜"妄陈褒贬"。就这样，范缜被免了官，流放去了广州。那时候的广州并不像今天一样繁荣，当时广州还没有被开发出来，在当时人看来就是典型的穷山恶水之地。而这时的范缜已经是个五十六岁的老人了。

毕竟梁武帝是爱才之人，而且胸怀也比较宽广，天监五年，武帝就把流人范缜从广州召了回来，并重新起用为中书郎。南梁政治跟学术思想的分离，保护了有"异端"思想的范缜的政治生命。但是，政治冲突是解决了，君臣二人更大的矛盾却依然潜伏着。

执着的范缜在经历了几次大起大落之后，坚持真理的决心却丝毫没有发生动摇。与此同时，梁武帝崇佛的决心也是只增不减。神灭论者范缜和神不灭论者梁武帝，顽固得像石头一样，双方针锋相对的信仰之间的矛盾瞬间就可能被引爆。

这次论战由梁武帝亲自带头上阵，还纠结了六十多名王公朝官以及佛教信徒，气场很足。而持神灭思想的这方，只有范缜一个人。已经过了知天命之年的他，形单影只，多少显得有些势单力薄。但是范缜却没有一丝要退让的意思，依然精神矍铄。看到范缜如此强硬的态度和精神面貌，认识了范缜几十年的梁武帝也明白范缜是绝对不会惧怕这样的场面的，十几年前范缜第 次舌战群儒的场景让梁武帝心里不由得掠过一丝紧张。于是他决定先发制人，既是稳定场面，也是平静自己，首先颁布了《敕答臣下神灭论》：

> 位现致论，要当有体，欲谈无佛，应设宾主，标其宗旨，辨其短长，来就佛理，以屈佛理，则有佛之义既颐，神灭之论自行。岂有不求他意，妄作异端，运其隔心，鼓其腾口，虚画疮痏，空致诋诃，笃时之虫，惊疑于往来，滞鳖之蛙，河汉于远大，其故何也？沦蒙忽而争一息，抱孤陋而守井，岂知天地之长久，溟海之壮阔？孟轲有云，人之所知，不如人之所不知。信哉！观三圣设教，皆云不灭，其文浩博，难

可具载，止举二事，试以为言，《祭义》云，惟孝子
为能飨亲。《礼运》云，三日斋必见所祭。若谓飨非
所飨，见非所见，违经背亲，言语可息，神灭之论。
朕所未详。

此敕旨主要表达了三点意思：

其一，要求范缜把自己的神灭论思想以"设宾主"的形式
给写出来。魏晋南北朝时期，玄学盛行，文人雅士酷爱谈玄论
佛，他们经常聚在一起相互诘难，于是就产生了一些问答体例
的辩论散文。梁武帝要求范缜"设宾主"，显然是因袭了当时
的社会风气。这也表明了范缜在齐世所写的《神灭论》并非是
"自设宾主"的格式。

其二，用蔑视的口吻指责范缜是"笃时之虫""滞瞀之
蛙"，孤陋寡闻，才会自以为是地用一生去坚持那种错误的神
灭论观点。梁武帝还借用孟子的话"人之所知，不如人之所不
知"来贬斥范缜自以为有所得，而不知自己所不得。在梁武帝
看来，在这些"不得"里面，就包括神不灭论。神不灭论是高
深的理论，范缜这种闭塞的人根本就无法领会。武帝认为自己
"知天地之长久，溟海之壮阔"，所以这样的自己才配懂得神不
灭论。既贬低了范缜，也贬低了范缜的学识，既抬高了自己的
学识，也把神不灭论提升到了拥有广博知识的人才能体会的
高度。

其三，在第二点的基础上，利用儒家的传统观点——只有
孝子才能祭祀先祖，孝子要在祭祀前三天进行虔诚的斋戒，才
能看到所祭祀的鬼神来攻击范缜的"违经背亲"，讽刺范缜不
是孝子，在斋戒的时候不虔诚。这是希图用儒家的观点来攻击
世代学习儒家经典的范缜。我们已经看到，梁武帝是继齐朝太

子舍人王琰之后，第二次用儒家鬼神观的漏洞来攻击范缜。这个难题的破解，已经显得很迫切。很显然，熟悉儒道，更精于事佛的梁武帝对这次论战的成功很有把握，还摆出了扬扬自得的架势。

面对梁武帝的诘难，范缜并没有被吓退，而是沉着冷静地把自己之前所作的那篇非"自设宾主"的《神灭论》的格式进行了一番修改，"自为宾主，遂有三十条"。在这篇新的《神灭论》中，范缜依然坚持他的神灭论思想，全盘否定佛教的神不灭论，这就是流传至今的《神灭论》。

第 5 章

解剖神灭论

　　范缜的神灭思想凝聚在《神灭论》一文中，这篇两千多字的小文也就成为我们探索其思想的主要途径。

　　在这篇文章里，范缜主要论证了无神论形神观的几个重要命题：形神相即、形质神用、人之质有知以及思维与知觉的关系。其中"形神相即"是范缜神灭论思想的关键，是接着论证其他论点的基础，所以一开始他就提出"形神相即"的观点。而这个反命题同样也是有神论思想的理论基础。因此无神论思想发展最急速的范缜时代，也是形神问题争论得最激烈的时候，而范缜《神灭论》的出现，立即把形神论提升到了一个较高的水平。

一、神灭论先哲

　　神灭论的形神观在传统时代拥有比较长久的历史，虽然《神灭论》全文并未体现，但是早期的形神论思想都是范缜形神观的历史源头，我们在此作一点简单的追溯。

早在远古社会之时，人们还并不完全了解自己的身体构造，他们受到梦中景象的影响，就以为自己的思维和感觉都不是自己身体的活动，而是一种独特的、寓于这个身体之中而在人死亡后又会离开身体的灵魂活动。因此，人们认为灵魂能在人死时离开肉体而继续存活，而灵魂也不会死亡，就这样，远古的人们产生了灵魂不灭的观念。在山顶洞人遗址中，死者的周围都撒了一层象征血液的赤铁矿，半坡遗址中还盛行二次葬，这些都与先民灵魂不灭的思想有关。

随着中国哲学的萌芽和成形，人们开始认真地思考自己生活的世界，鬼神问题也被重新加以审视，春秋战国时期的思想家们对此都提出了自己的看法。

孔子"不语怪力乱神"。当子路请教怎样看待鬼神问题时，孔子说："活人都还没有侍奉好，又怎么能去侍奉鬼神呢？"子路又接着追问："斗胆请教，死是怎么一回事呢？"孔子回答说："生的道理我都还没弄懂，我又怎么知道死是什么呢？"儒家对人死亡之后的问题表现出回避态度，"敬而远之"，对鬼神的问题也是存而不论。虽然是倾向于无神论，但是却又很矛盾地提倡祭祀祖先，正所谓"祭如在，祭神如神在"，即祭祀祖先如同祖先存在，祭祀神灵如同神灵存在之意。儒家提倡祭祀是为了维护名教的地位，也就是明确上下尊卑等级制度的礼教。但是这种不完善的无神论思想被神不灭论者当作对有神论的妥协，致使儒家在灵魂不存在的立场上表现得不甚坚定，从而使得无神论理论留下了一个巨大的漏洞。这才使得后来范缜同太子舍人王琰辩论，以及舌战梁武帝群臣时，儒家神灭论的思想漏洞成为神不灭论派集中攻击信奉儒学范缜的死穴。

荀子比孔子更激进一些，他在《天命论》中提出了"形具而神生"的观点，认为精神是在形体的基础上产生的，这就坚持了物质第一性的原则。同时，荀子反对商周以来有神论者将"天"人格化的观点，认为天是客观存在的自然界。此外，荀子还提出了著名的"天行有常，不为尧存，不为桀亡"的观点，意即天道发展有自己的规律，并不会因为唐尧的贤良而继续存在，也不会因为夏桀的残暴就不复存在了，不受人类的影响。在他看来，鬼神的产生实际上都是由于人的错觉而造成的。荀子是我国历史上第一个系统阐述无神论思想的唯物主义思想家。荀子关于"天"的观点，在唐代时被无神论思想家柳宗元和刘禹锡所继承和发展，又演变成为"人定胜天"观点的基础。

就道家而言，虽然其代表人物之一的庄子相信灵魂不灭，但是道家的确是持无神论观点的。道家认为主管世间万物的是道，即所谓"道大，天大，地大，人亦大。域中有四大，而人居其一焉。人法地，地法天，天法道，道法自然"。这句话的意思是说，在道家看来，人取法于地，地取法于天，天取法于道，而道则任自然。并且还说"以道莅天下，其鬼不神"，就是说，用道来治理天下，那么所谓的"鬼"就不会起到作用。道家在这里所说的"道"是指自然法则，人与自然并没有什么神秘的感应，这是道家的无神论观点。道家对待鬼神的态度和观点，影响了很多无神论学者。

法家是先秦诸子中最彻底、最激进反对鬼神的。政治务实主义的法家思想使韩非认为自然界根本没有所谓的神秘主宰。"龟策鬼神，不足举胜，左右背向，不足以专战，然而恃之，愚莫大焉"，意思是说龟甲、蓍草、鬼神都不能用来推断战争的胜利，星宿的左右向背运行也不能主宰战争。依靠它们来作现实判断，简直是愚蠢到了极点。可惜的是，法家思想在秦朝短暂的辉煌之后就不再以一个独立的思想学派继续繁荣发展，但是它的许多思想却被其他学派所吸收，特别是后世儒家将法家思想融入了治国之道之中，在数千年中持续影响着华夏政治。

这些神灭论的思想就像一粒粒种子，播撒于中国广袤又悠久的历史当中，一旦受到不断发展的科学技术的刺激以及时间的持续浇灌，就会积蓄全力开出一束束夺人眼球的智慧之花。这样的花朵在范缜之前的两汉时期，就已经很绚烂美丽。

西汉的司马迁曾说自己作《史记》的目的是"究天人之际，通古今之变，成一家之言"。"究天人之际"的司马迁在《史记·天官书》中提出了日、月食等天象的规律，直接否定的就是同时代董仲舒鼓吹的"天人感应论"，并且在《封禅书》中对汉武帝泰山封禅、事鬼神的行为进行了激烈的批评。司马迁撰写《史记》接触了大量的科学知识和浩瀚的文献资料，这些都成为他具备无神论思想的条件。司马迁是从科学的高度来批判神不灭论的，他的后继者是刘宋时代的科学家何承天。

两汉之际反对"天人感应"和谶纬之学的还有扬雄。扬雄在《法言》中对方士巫术、神仙不老、象龙致雨等神秘主义思想予以了坚决的否定，表现出无神论的倾向，他还提倡对自然现象进行积极的探索。

司马迁与扬雄对灵魂不灭的批评只是停留在表面。虽然依靠他们的社会号召力对灵魂不灭思想强劲有力的批评在当时的社会也会有很大的影响力，或许还会引导相当一批人走向无神论，但是他们并没有从理论上驳斥灵魂不灭思想的谬误，也就没有触碰到问题的实质。而完成这一任务的则是东汉的桓谭和王充。

桓谭是东汉时期的哲学家，史称其"博学多通，遍习五经，喜非毁俗儒"。这里所说的"俗儒"就是指混杂了谶纬思想的儒生。因为多次当面反对图谶，触怒了"欲以谶决疑"的光武帝，险些被斩杀。后来虽然被免除了死罪，但是活罪难逃，郁郁不得志的桓谭就病死在了被贬官的途中。桓谭在其代表作《新论》中提出："灾异变怪者，天下所常有，无世而不然"，认为灾异现象是经常发生的，每个时代都有出现。既然出现灾异是惯例，那么灾异现象自然就没有什么"天命"的内涵。桓谭的这一思想直接挑战"天人感应论"的合理性，进而揭露谶纬的荒谬之处。他还对形神关系提出了唯物主义的描述。他认为："精神居形体，犹火之燃烛矣……烛无，火亦不能独行于虚空。"精神跟形体的关系好比是火与蜡烛的关系，蜡烛燃尽，火也就没法独自存在于空气之中。桓谭反抗谶纬思想是在光武帝刘秀将谶纬之学拔高到国教高度的背景下发生的，谶纬威胁到了纯正儒学的地位，这次事件就是儒学和谶纬之学两派思想矛盾被激化之后的一次爆发。

批判灵魂不灭思想较桓谭更有力道的是王充。他自述其学说为"违儒家之说，合黄老之义"。他也批判盛行于汉朝的道教神仙方术，他的思想与道教思想有明显区别，是属于道家的唯物主义思想。王充认为天地万物都是由"元气"构成，生命也是由"阴阳之气"凝聚而成，"人死则血脉竭，竭而精气灭，灭而形体朽，朽而成灰土"。他继承桓谭关于形体论的烛火比喻，认为："人之死也，犹火之灭也；火灭而耀不明，人死而知不惠（慧）。"人之死，犹如火之灭。火灭了就照不亮了，人死了就不再有知觉了。又说："天下无独燃之火，世间安得有无体独之精？"天下没有不依靠被燃烧的物质而自己存在的火苗，人世间又怎么会有不依靠形体而自己存在的精神？王充在此认为人死神灭，反对神不灭论。因为"人死不为鬼"，所以他还在重视陪葬品的汉朝提倡薄葬论。然而，由于王充的思想与统治阶级所提倡的正统思想相抵触，在当时被划为"异端"，这也使得他屡屡遭受排斥，一生潦倒，贫无所依。

桓谭与王充在神秘主义思想泛滥的汉朝能够坚定地批驳谶纬和灵魂不灭，有其重要的思想意义。但是他们的形体喻也有不完备之处，最致命的就是他们没能指出精神不是一种物质实体，这致使他们的思想被神不灭论派所利用，甚至为佛教理论大师慧远发展成为神不灭论思想的经典论据，这一形神的经典烛火比喻也不得不被无神论思想家所放弃。这样的不完备理论正是范缜发展的空间，也是范缜哲学思想的重要来源。

二、形神合一与生人有知

慧远神不灭论的观点就是建立在形神能够相互分离的基础上，宣称形体虽然会消亡，但是精神却能离开消亡的身体，转移到其他形体上附着，从而一直存在，实现精神永不消亡的状态。针对这一思想，范缜开篇就提出了"形神相即"的观点：

> 或问予云："神灭，何以知其灭也？"答曰："神即形也，形即神也，是以形存则神存，形谢则神灭也。"

> 问曰："形者无知之称，神者有知之名，知与无知，即事有异，神之与形，理不容一，形神相即，非所闻也。"答曰："形者神之质，神者形之用，是则形

称其质，神言其用，形之与神，不得相异也。"

问曰："神故非质，形故非用，不得为异，其义安在?"答曰："名殊而体一也。"

问曰："名既已殊，体何得一?"答曰："神之于质，犹利之于刀，形之于用，犹刀之于利，利之名非刀也，刀之名非利也。然而舍利无刀，舍刀无利，未闻刀没而利存，岂容形亡而神在。"

也即，形体和精神是有区别但关系紧密的统一体。他强调形体是精神的基础，形体存在，精神也就能存在，形体一旦灭亡，精神也就会随之消散。在"形神相即"的基础上，范缜指出形体与精神的关系是"质"与"用"的关系，用今天的话来讲，就是本体和效用的关系，是同一物体不同称呼的部分。针对"名既已殊，体何得一"的非难，范缜打比方说，形体就好比是刀刃，而精神就好比是刀刃所表现出来的锋利，没有了刀刃，自然就不会有所谓的锋利这种功能，从来就没有听说过刀刃都没有了，还有锋利存在的情况。刀与利的这个比喻形象地契合了形体与精神的特点，弥补了薪火之喻对形神表述的缺陷。在范缜所处的时代，薪火之喻已经为神不灭论所利用，无法再次用来支撑神灭论了，所以范缜抛弃了不恰当的薪火物物之喻。

范缜对形神关系的论证，肯定了物质第一性原则，直接对准神不灭论存在的根基和因果报应的理论基础，对慧远的法性论、形尽神不灭论和因果报应论造成了强大冲击。

问曰："刀之与利，或如来说，形之与神，其义不然。何以言之? 木之质无知也，人之质有知也，人既有如木之质，而有异木之知，岂非木有其一，人有其二邪?"答曰:"异哉言乎!人若有如木之质以为形,又有异木之知以为神,则可如来论也。今人之质,质有知也,木之质,质无知也,人之质非木质也,木之质非人质也,安在有如木之质而复有异木之知哉!"

佛家重视精神,贬低形体,并认为万物的形体都是一样且等同的,所以,问难者在这里会把人的形体等同于树的形体,并以此来责问范缜"人既有如木之质",为何会"有异木之知"。这实际上是利用机械论来反证形尽神不灭论的观点。范缜斥责这一观点"异哉言乎",认为:"今人之质,质有知也,木之质,质无知也。人之质非木质也,木之质非人质也",坚持认为人之质与树之质截然不同:树之质是没有意识的形体,但是人的形体却是有意识的。自然就不存在问难者所坚持的,人的形体如同树的形体,却拥有"异木之知"。

划清了人与非人类之间的界限,范缜又进一步细分活人与死人的区别:

问曰:"人之质所以异木质者,以其有知耳。人而无知,与木何异?"答曰:"人无无知之质,犹木无有知之形。"

问曰:"死者之形骸,岂非无知之质邪?"答曰:"是无人质。"

问曰:"若然者,人果有如木之质,而有异木之知矣。"答曰:"死者有如木之质,而无异木之知;生者有异木之知,而无如木之质也。"

问曰:"死者之骨骼,非生者之形骸邪?"答曰:"生形之非死形,死形之非生形,区已革矣,安有生人之形骸，而有死人之骨骼哉？"

问曰："若生者之形骸非死者之骨骼，非死者之骨骼，则应不由生者之形骸，不由生者之形骸，则此骨骼从何而至此邪？"答曰："是生者之形骸，变为死者之骨骼也。"

问曰："生者之形骸虽变为死者之骨骼，岂不因生而有死，则知死体犹生体也。"答曰："如因荣木变为枯木，枯木之质，宁是荣木之体！"

问曰："荣体变为枯体，枯体即是荣体；丝体变为缕体，缕体即是丝体，有何别焉？"答曰："若枯即是荣，荣即是枯，应荣时凋零，枯时结实也。又荣木不应变为枯木，以荣即枯，无所复变也。荣枯是一，何不先枯后荣？要先荣后枯，何也？丝缕之义，亦同此破。"

问曰："生形之谢，便应歘然都尽，何故方受死形，绵历未已邪？"答曰："生灭之体，要有其次故也。夫歘而生者必歘而灭，渐而生者必渐而灭。歘而生者，飘骤是也；渐而生者，动植是也。有歘有渐，物之理也。"

这几组对话虽然有点长，但是表达的思想很简单，主要提出了精神为活人特有的观点。倘若人一旦死去，"生者之形骸，变为死者之骨骼也"，他的身体就会失去作为一个活人的特性，变得"无人质"，也就没有活人具有的知觉了，并且这个转变过程是不可逆转的。在这里，范缜已经看到了事物发展过程中的质变和结果。他在这里强调的是人的死亡并非佛教所说的灵魂离开身体，人的死亡伴随着一个很重要的转变，精神作为物质本体的一种效用，也在这个过程中消散，并不是可以离开身体的，坚持了前面的"形神相即"的观点。

佛教教义强调众生平等，认为人与世间万物无别，佛教用这个观点劝说生活在苦难之中的人不要在意自己身体所忍受的现世的暂时痛苦，要求人们各安其职，各司其位，听天由命，忍痛服从，以期达到佛教宣扬的涅槃。这种观点的顺延，才会有佛教理所当然地认为人之质等同于树之质。这一观点在佛教教义上具有重要的后期效益：一方面抬高了精神的地位，并且站在精神第一性的立场上，强调人的精神对身体的决定作用，贬抑物质（在这里主要表现为人的身体）的地位。这与宗教普遍持有的客观唯心主义观点一致，同时也是慧远的法性论的支撑，直接奠定的是神不灭论观点的根基。另一方面也是佛教所宣扬的"万物轮回"的旁证。因为人与世间万物共有相同无别的"质"，所以方便了人与万物在世代轮回时相互转换。佛教的"人之质无知"是为佛教环环相扣的理论的存在合理性提供辩护。

针对以上观点，范缜通过生人有知的命题，强调了物质第一性的立场。又通过生人有知、死人无知，再次回到中心论点——"形神相即"，进一步论证了形存则神存，人亡则无知。

三、知觉与思维

佛教徒又进一步就形神问题在人的身体上作细化式的问难：

> 问曰："形即是神者，手等亦是神邪？"答曰："皆是神之分也。"

问曰："若皆是神之分，神既能虑，手等亦应能虑也？"答曰："手等亦应能有痛痒之知，而无是非之虑。"

问曰："知之与虑，为一为异？"答曰："知即是虑，浅则为知，深则为虑。"

问曰："若尔，应有二虑，虑既有二，神有二乎？"答曰："人体惟一，神何得二。"

问曰："若不得二，安有痛痒之知，复有是非之虑？"答曰："如手足虽异，总为一人，是非痛痒虽复有异，亦总为一神矣。"

问曰："是非之虑，不关手足，当关何处？"答曰："是非之虑，心器所主。"

问曰："心器是五藏之心，非邪？"答曰："是也。"

问曰："五藏有何殊别，而心独有是非之虑乎？"答曰："七窍亦复何殊，而司用不均。"

问曰："虑思无方，何以知是心器所主？"答曰："五藏各有所司，无有能虑者，是以知心为虑本。"

针对神不灭论者提出的手"是神之分，神既能虑，手等亦应能虑也"的观点，范缜首先承认手足这些器官都是身体的一部分，"生人有知"，作为有精神的形体的一部分，它们当然也是有精神活动的。但是，并不是所有器官所承担的精神分工都是一样的。范缜把精神活动作了高低之分，"知即是虑，浅则为知，深则为虑"。他认为人的精神就包括知觉和思维两种类型，并坚持所有的这些精神活动都必须有其相对应的生理基础，也就是说不同器官承担着不同类型的精神的功能运作。手足之类只能承担较为低级的知觉之类，而较高级的诸如是非观之类的"虑"（思维）则由人的"心器"所专属。这里所说的"心器"，就是人的心脏。知觉和思维都是精神作用的表现形式，"总为一神矣"，构成了不可分割的精神这个统一体。

范缜在这里再一次把精神落到物质之上，再一次肯定了物质对精神的决定作用，再一次否定了精神可以脱离物质而独立存在，即否定了"虑体无本"的观点。

当然，在这一观点上，范缜也暴露出了其思想的时代局限。传统时代的人们都认为人的心主宰着人的思维，不管是唯物派的范缜，还是唯心派著名的"心外无物"都持这样的观点。但是，现代科学已经证明，主管人的思维的是人的大脑。范缜处于一千多年以前的古代中国，认为心脏主管"虑思"，他犯这种错误亦自然属于情理之中。实际上，非独古代，现代的人们也时常在生活中使用"你心里怎么想的"之类的话，所以，在这里为难古人是没有意义的。范缜的唯物主义思想最不同于唯心主义的地方是，他将所谓的"心"落实到了物质形态的心脏——这个器官之上，而不是唯心主义的 个抽象的概念。在另外一个层次上，他强调物质对精神的决定作用，虽然是积极地肯定了物质第一性的地位，但是由于他对后天的实践作用不甚了解，物质决定论的思想被拔高、升级，使得他陷入一种错误的极端的观点之中，例如：

> 问曰："圣人形犹凡人之形，而有凡圣之殊，故知形神异矣。"答曰："不然。金之精者能昭，秽者不能昭，有能昭之精金，宁有不昭之秽质。又岂有圣人之神而寄凡人之器，亦无凡人之神而托圣人之体。是以八采、重瞳，勋、华之容，龙颜、马口，轩、皞之状，此形表之异也。比干之心，七窍列角，伯约之

胆，其大若拳，此心器之殊也。是知圣人定分，每绝常区，非惟道革群生，乃亦形超万有。凡圣均体，所未敢安。"

神不灭论者认为，圣人跟凡人身体是相似的，而圣人的智力和取得的功绩都高于凡人，这必定就是因为圣人的精神是不同于凡人的。范缜反对这一观点，他的论据是，人的身体决定精神，圣人有大智大慧，是因为圣人天生就有与常人不同的体质，就像传说中唐尧的眉毛有八种颜色，而虞舜的眼睛则有重瞳，黄帝拥有一副龙颜，皋陶则生有马口，比干之心更是七窍并列，等等。他们正是有了异于常人的体质才会有异于常人的精神，才会有异于常人的功绩。范缜的这个观点虽然是立足于物质对精神起决定作用的立场，但是也否定了人的后天实践的作用，被放大了的物质的作用将范缜拉到了身体决定论的错误泥沼之中，无形之中，范缜就着了矫枉过正的道。这个错误是范缜神灭论思想体系中最大的一个缺陷。

此外，由于范缜对心脏的错误定位，需要后世出现一位智者来担当起弥补这个漏洞的重任，直到清代，王清任才成为完善范缜思想的重要人物。

四、祭祀为教化

如前所述，本来信奉神灭论的儒家先贤却提倡祭祀祖先，"祭神如神在"，这样就不可避免地给神不灭论者留下了把柄，这个把柄当然也就被反复利用来攻击笃信神灭论的儒家思想家：

问曰："形神不二，既闻之矣，形谢神灭，理固宜然，敢问经云'为之宗庙，以鬼飨之'，何谓也?"

在古代社会，因为儒家在政治中所扮演的重要角色，由此形成了一个很庞大的儒生集团。神灭论者也大都具有儒生的身份，他们服从儒家传统的鬼神观念，不信鬼神，他们强势攻击佛教的出发点也往往是因为佛教不符合儒家所维护的名教从而触犯了儒家的禁忌。而神不灭论者在攻击这些不信鬼神的儒生时，就往往会抓住儒家的思想漏洞，戳在神灭论者的痛处。第一次神不灭论之争后，竟陵王的手下、笃信佛教的太子舍人王琰就用"呜呼！范子曾不知其先祖神灵之所在"同范缜针锋相对。第二次神不灭论之争时，梁武帝也用儒家提倡祭祀的观点来压制"尤精三礼"的范缜。范缜对神不灭论思想作出逻辑缜密、清晰且无懈可击的反驳，更是逼急了佛教理论家，他们千方百计地攻击范缜的这一个薄弱的理论环节。

对于对手的用心，范缜显然再明白不过了。范缜更是深深地明白，如果这个问题得不到妥善解决的话，还会有更多的佛教徒利用这个"证据"来反驳自己坚持的神灭论观点，如此，即使其他方面的论证再充分，对佛教的控诉再有力，神灭论也会因为这个漏洞的存在而不完善，甚至有功亏一篑的危险。但是这个问题并不好解决，对儒家权威经典教义的违背，处理得稍有不妥就会让当事人背负"离经叛道"的千古骂名，成为名教罪人，身败名裂，在当时的社会，这是很可怕的。而这恰好又是士大夫阶层最害怕发生在自己身上的。古人重名节，尤其是这些遵守儒家教条的社会精英分子，把名声看得比权利、金钱，甚至比生命还重要。范缜的家族在这方面尤其有代表性。作为范家的一员，范缜当然有所顾忌。但是范缜是何许人也？他让后世为之振奋的除了他渊博的知识、令人敬仰的精神气质，还有他技压群雄的巧妙辩术。他在南齐时代就能巧妙地躲过太子舍人王琰就祭祀问题发出的具有强烈杀伤力的攻击，对这个同类型的问题的巧妙解决似乎也不在话下。他在《神灭论》一文中对儒家传统的祭祀问题作出了一个很合理的解释：

> 答曰："圣人之教然也，所以弭孝子之心，而厉偷薄之意，神而明之，此之谓矣。"

范缜认为，圣人这样教化的目的是顺应孝子情感的发泄，同时也能减少世风中浮薄的因素。通过这样的解读方式，既肯定了圣人设教的目的和历史功绩，也断了神不灭论者妄图抓住儒家这根"小辫子"的心思。

这个简短的回答似乎还不足以压制佛教徒所有的好奇，他们又接着发难：

> 问曰："伯有被甲，彭生豕见，坟素着其事，宁是设教而已邪？"答曰："妖怪茫茫，或存或亡，强死者众，不皆为鬼，彭生、伯有，何独能然，乍为人豕，未必齐、郑之公子也。"

范缜接着用自己惯常使用的论证方式补充到，郑国的伯有死后变为厉鬼出来作祟，以及齐国的彭生死后变成野猪这样的事情，纯属无稽之谈。历史上死于非命的人多不胜数，又不只是这两个人，凭什么就只有他们能这样离奇变幻呢？一个问题就否定了人"死后为厉"的存在可能性。

但是范缜在儒家鬼神的问题上却还是出人意料地退缩了。

> 问曰："《易》：称'故知鬼神之情状，与天地相似而不违。'又曰：'载鬼一车。'其义云何？"答曰："有禽焉，有兽焉，飞走之别也；有人焉，有鬼焉，幽明之别也。人灭而为鬼，鬼灭而为人，则未之

知也。"

也许是因为摆脱不了"离经叛道"罪名的干扰，摆脱不了范氏一门高洁的精神束缚，当发问者再次摆出儒家经典《易经》中关于鬼神的描述来质问范缜时，他并没有一如既往地坚持自己的立场，否认鬼神。他只是底气不足地回答道："有人焉，有鬼焉，幽明之别也。人灭而为鬼，鬼灭而为人，则未之知也。"人、鬼之间有幽明之别。人死，化而为鬼，鬼灭，化而为人，是我们不可能清楚明白的事情。范缜没有否认鬼神的存在，甚至还肯定了鬼神的存在。范缜因袭孔子"未知生，焉知死"的观点来对待鬼神问题，刻意对鬼神问题存而不问，摆出消极回避的态度。这跟范缜一贯的做法是冲突的，而这个冲突背后隐藏的最重要的原因则是士大夫对待名节的敏感脆弱的心理。范缜没有冲破这个桎梏，违背了自己的立场，着实让人大跌眼镜。

不管怎样，范缜还是清算了儒家中存在的灵魂不灭的可疑成分，虽然没有达到预想的被寄予厚望的程度，儒家反对鬼神存在的立场仍然因为范缜而得到了坚定，神不灭论者用来攻击儒家神灭论思想的唯一可能被利用的武器也是因为范缜的论证而开始解体。

五、《神灭论》的意义

通过前文的论述，神灭论思想已经完整地展现出清晰的面容。但是范缜作《神灭论》一文的意义究竟何在呢？关于这个问题，范缜借对方的问题提出了自己的看法：

> 浮屠害政，桑门蠹俗，风惊雾起，驰荡不休，吾

哀其弊，思拯其溺。夫竭财以赴僧，破产以趋佛，而
不恤亲戚，不怜穷匮者何？良由厚我之情深，济物之
意浅。是以主撮涉于贫友，吝情动于颜色；千钟委于
富僧，欢意畅于容发。岂不以僧有多余之期，友无遗
秉之报，务施阙于周急，归德必于在己。又惑以茫昧
之言，惧以阿鼻之苦，诱以虚诞之辞，欣以兜率之
乐。故舍逢掖，袭横衣，废俎豆，列瓶钵，家家弃其
亲爱，人人绝其嗣续。致使兵挫于行间，吏空于官
府，粟罄于惰游，货殚于泥木。所以奸宄弗胜，颂声
尚拥，惟此之故，其流莫已，其病无限。若陶甄禀于
自然，森罗均于独化，忽焉自有，怳尔而无，来也不
御，去也不追，乘夫天理，各安其性。小人甘其垄
亩，君子保其恬素，耕而食，食不可穷也，蚕而衣，
衣不可尽也，下有余以奉其上，上无为以待其下，可
以全生，可以匡国，可以霸君，用此道也。

他指出佛教对社会的危害犹如暴风迷雾般来势汹汹、无休
无止。老百姓会倾尽家财去供佛，却不知体恤自己的家人和亲
戚，更不会去哀怜那些穷困潦倒之人，这样下去，人只会变得
越来越自私、冷漠、不仁不义。不仅如此，他们竟然还抛弃了
华夏传统的服饰，改而穿戴佛教衣物，废弃了古代流传下来的
传统礼器，改而摆卜奉养佛陀的瓶钵。如果任由这样恶俗的现
象发展下去，百姓就会丧失亲爱之情，家家户户都会绝嗣。佛
教不仅在下层民众中败坏了风化——即所谓的"蠹俗"，在国
家的层次上，佛教还会"害政"——军队会丧失战斗力，官府
也不再有足够的公职人员办理公务，粮食会被游手好闲的佛教
徒给吃光，其他国库储备也会因为修建寺庙而耗尽无余。发生

这一切只是因为百姓相信佛教徒兜售的荒谬的"神不灭论",因为他们相信佛教许诺了的具有完美蛊惑力的来世幸福,而依照佛教徒教给他们的方式来为自己积德,以免除自己受"无间"之苦。可是他们万万没有想到自己正在被利用,走进了混乱之中还浑然不自知。

范缜认为,由于佛教的荼毒,移风易俗已经发展到了刻不容缓的地步,如果让百姓"禀于自然""乘夫天理,各安其性",小民甘心耕作农田,君子保持恬淡朴素的品格,食用的都是自己的劳作所得,食物就会无穷尽,穿戴的都是自己养蚕所得的蚕丝织就而成的衣服,自然就会有无穷尽的衣服。居其下的人用自己使用之余的粮食和物品奉养在其上的人,居其上的人用"无为"的方法来管理在其下的人,这样就"可以全生,可以匡国,可以霸君",上下相安,国富民强。在这里,我们可以看出,范缜提倡的"自然""无为"思想明显受道家思想影响。

范缜改写《神灭论》以继续攻击神不灭论,让梁武帝很诧异,于是这位君主发动了他纠合的六十余人对范缜实施群攻,这些人以萧琛(范缜的妹夫,范缜从小就与之相善,这时候也坚定地站到了范缜的对立面)和曹思文二人最为积极。但是除了沈约和这两个人之外,其他人的论辩已经没有了新意,这点倒是完全可以想象得到的。东晋时代的慧远对佛教教义的阐释已经达到了一个理论高度。在纵向的时间轴上,在这一百年左右的时间里,佛教还没有积累到可以用于发展的新知识;而从横向来看,在佛教徒的阵营之中,没有谁的佛教理论能达到慧远的高度,更谈不上超越,更何况还有这么一个反佛狂人对佛教理论进行了严密地抨击,尤其是针对慧远的佛教理论——当时佛教理论的最高水准。这个人逻辑缜密，论证充分，以至反佛理论无懈可击，梁武帝的智囊团只能是望洋兴叹。他们除了人多，能壮大声势之外别无用处。这群人除了附和梁武帝，就是训斥范缜，或者希图用诡辩的方式来赢得论辩的胜利。范缜在一一驳倒慧远的各个论点之后，对待这些人的小伎俩就如同瓮中捉鳖。范缜见招拆招，坚持着自己的神灭论思想，也驳斥了这些人对自己强加的斥责，最终"辩摧百口，日服千人"。

范缜能取得唯物主义哲学史上如此高的地位，跟他所处的社会背景是分不开的。他处于一个学术较为自由的时代，齐朝竟陵王萧子良、梁朝梁武帝萧衍都很重视学术，当时的学术成就在中国古代史上达到了较高的水平。更为可贵的是，梁武帝这位君主还能将学术剥离开政治来看，这给了范缜的"异端"思想以足够的生存空间，没有将范缜逼上汉朝的桓谭和王充那般被排挤的老路。相反，范缜在因为当众抵触梁武帝被贬广州之后，不久就因为自己的学识和能力被识才的梁武帝追回，还坐上了中书郎的位子。这些都为范缜神灭理论思想的缔造和发展创造了条件。另一方面，萧子良和梁武帝都推崇佛教，在慧远大师之后佛教地位被推到了中国历史上的制高点。这给了反佛思想巨大的发展空间。在崇佛跟反佛这一对作用力与反作用力的作用下，必然催生出一个反佛的思想家来维持平衡。范缜正是这样顺应了历史潮流的人。他出身书香门第，有着良好的家学传统，笃信儒教。少年时代师从硕儒刘瓛，打下了坚实的儒学基础，又因为恩师的个人爱好，还对与范氏家族有千丝万缕联系的佛教有了较深的领会。他个性质直，好危言高论，从小善辩，练就了辩论所需的制胜法宝——口才。他在慧远大师之后，继承神灭论先贤的衣钵，亲见薪火关系论证形神的漏洞，转而抛弃薪火之喻，重新提出用刀刃与锋利比喻形神的"刃利之喻"，终于使形神观的比喻提升到了物质和功用的高度。他一一冲击慧远神不灭论思想最根本的佛教根基，终于将神灭论思想发挥到了极致。

第6章

神不灭论者的理论之争

　　范缜改写《神灭论》，将虔诚佛教徒的信仰批得一无是处，让梁武帝很是震惊，也让玄佛双修的士大夫很是气愤。面对范缜的攻击，当时的大僧正法云大师立即就把梁武帝的《敕答臣下神灭论》抄写了很多份，遍送王公大臣，带着皇帝的敕令，号召他们作文反击范缜。然而，虽然他们大都坚决地表示反对神灭论，但多数人的文章已经没有了新意。除了附和梁武帝，对皇帝溜须拍马之外，就是责骂范缜违经叛道之类，谈不上学术交流，更没有什么思想启迪之效。这些文章中比较有水平的只有少数，包括沈约的《难范缜神灭论》和《神不灭论》、曹思文的《范缜难神灭论》和《重难范缜神灭论》、萧琛的《难神灭论》。他们同佛教的立场一致，与神灭论思想尖锐地对立起来，他们之间的理论斗争，促进了范缜哲学思想的提升、神灭论论证的完备，而且作为不同哲学派别思想的碰撞，本身就是哲学之美，是哲学之幸。同时，他们与范缜的相互论难也是我们了解范缜思想的另一条渠道。

一、吸纳沈智

沈约，字休文，吴兴武康（今浙江湖州德清）人，历经宋、齐、梁三世，是我国南朝时期著名的文学家和史学家。史书记载，沈约笃志好学，昼夜不倦。心疼儿子的母亲因为担心他看书太劳累以至于生病，经常悄悄地减少给他供明的灯油，还撤去了取暖的炉火，好让他能够早些休息。此后，这个勤苦的官宦子弟凭借自己的学识和出身，官运亨通，在刘宋时就官至尚书度支郎，入齐之后，先是受到齐文惠太子（此人跟萧子良一样，都好佛法）的敬爱，后又加入权势日炽的竟陵王萧子良的西邸文士集团，成为"竟陵八友"之一，声名鹊起。萧衍起兵建梁，沈约同范云一起为其出谋划策，又连夜替萧衍草就即位诏书，这就成了梁朝的开国大功臣。所以，梁武帝认为成就他帝业的人虽多，但是最大的功臣却是范云和沈约二人。也正因为如此，沈约在梁朝的地位很高。

沈约在《难范缜神灭论》中说：

> 来论云：形即是神，神即是形。又云：人体是一，故神不得二。若如雅论，此二物不得相离，则七窍百体，无处非神矣。七窍之用既异，百体所营不一，神亦随事而应，则其名亦应随事而改。神者对形之名，而形中之形，各有其用，则应神中之神，亦应各有其名矣。今举形则有四肢百体之异，屈伸听受之别，各有其名，各有其用；言神唯有一名，而用分百体，此深所未了也。若形与神对，片不可差。何则形之名多，神之名寡也？若如来论，七尺之神，神则无

处非形，形则无处非神矣。刀则唯刃独利，非刃则不受利名，故刀是举体之称，利是一处之目。刀之与利，既不同矣；形之与神，岂可妄合邪？又昔日之刀，今铸为剑；剑利即是刀利，而刀形非剑形。于利之用弗改，而质之形已移。与夫前生为甲，后生为丙，夫人之道或异，往识之神犹传，与夫剑之为刀，刀之为剑，有何异哉？

沈约在文章开头就直指神灭与神不灭的关键——"形神相即"是否成立。沈约认为：既然范缜提出形神二者不得分离，那么人的七窍和身体各部分自然就随处都有神存在了。将形与神对应起来是沈约论辩的第一步。他随即就在这个基础上进一步提出，既然形神是对应的，那么，为什么人的身体各部分都有不同的名称，而人的精神却只有一个名字呢？他这是先通过用名来反对形神的对应，再反推回来，反对"形神相即"的观点，以此来毁掉范缜的神灭论存在的根基。为了加强他论证的严密性，沈约还举例来反对范缜的刀利之喻（现存的范缜关于形神的比喻是刃利之喻，刀利之喻是范缜较早时的比喻）。在对这个比喻的反驳时，沈约卡住的正是刀利之喻还没发展到刃利之喻所缺少的那一小步，而这一小步对神灭论的论证来说恰恰又是致命的。他说，刀是对一个整体物件的称谓，而锋利又只是刀这个整体的一部分——刀刃所产生的功用。既然形神是相对应的，那么刀作为整体与锋利作为部分的功用又怎么能对应得起来呢？他认为，既然刀利之喻是错误的，那么同样的道理，范缜"形神相即"的观点也就是错误的。此外，他还说如果我们把刀铸造成剑，那么剑的锋利还是像刀的锋利一样，但是刀的形状却转换为剑的形状了。锋利一如既往没有改变，但是物件的形状却已经发生了改变。这就跟形神问题一样，人上辈子可能是甲，下辈子就可能变成丙，他们的精神没有改变，不过是形体发生了更换罢了。

沈约对范缜刀利之喻的攻击还比较有价值，他的的确确是指出了范缜这个论证过程中因为考虑不周而造成的不足之处。范缜笼统地把人的精神概括为一个"神"字，没有细分，连他自己在《神灭论》中都说："'形即是神者，手等亦是神邪？'答曰：'皆是神之分也。'"这样确实似有不妥。刀利之喻则是授人以柄，正是沈约的这一棒子，敲得范缜看到了自己理论的漏洞，从而在《神灭论》中将刀利之喻改成了刃利之喻。这才保证了范缜形神比喻的万无一失。

但是沈约这段话的后半部分就明显带有诡辩的色彩。他将刀之"利"等同于剑之"利"，才得出了刀的形体变为了剑的形体，而"利"并没有发生变化的结论。但是沈约的前提就已经错了，刀的"利"与剑的"利"是分别在刀和剑这两种物质存在的基础上才产生的功用，绝不能因为"利"字的相同，就直接得出刀之"利"等于剑之"利"。沈约还把刀剑的转换等同于人的投胎转世，要是这种"类比"也能成立，就太过于牵强了。刀重铸为剑是能亲见的实物转换，人的转世则是无法证实的宗教谎言，沈约这样站在宗教的理论前提下为宗教辩护的方式实在难以让人信服。

在沈约看来，形神肯定是不"相即"的，所以，他在与范缜相反的方向上提出了与范缜相反的论点——神不灭论。他在自己的另一篇文章《神不灭论》中提出，世间万物的生命，有的长，有的短。生物的形体可以通过保养调节来达到不朽，那么精神也就同样可以通过手段来达到无穷，这样，精神的无穷也就实现了"神不灭"。这就是沈约"神不灭论"整个的论证过程。可惜的是，这个论证过程太失败了。

首先，沈约认为形体可以通过手段调养达到不朽，这是一种美好的宗教愿望，是根本无法实现的。道教追求"长生久视"，所以催生了以炼金丹求仙为主的道派——丹鼎派，这种道教思想在魏晋南北朝时期有极大的市场，大量的名士、官僚，甚至皇帝都参与到服食"仙丹"的行列中来，所谓的"魏晋风度"的放浪形骸就跟服食丹药而产生的危害有着莫大的关系。沈约生长在这个痴迷于长生不老的时代，也就想当然地认为长生不死是可以达到的，也不看看因为服食这种丹药，多少官僚、道人、名士，甚至皇帝都死于非命。

其次，退一万步讲，即使人能达到永生这种理想状态，精神也无穷而神"不灭"了，但是这个神"不灭"也是建立在人的形体永恒存在的基础上的"不灭"，而不是形神分离之后，精神单独存在而达到的"不灭"。所以沈约在这个地方的论辩已经偏离了论辩的中心问题——形神到底能不能相分离。他提出的反证也就没有了一点点的意义。

沈约反驳范缜的观点，除了关于刀利的论证较有意义之外，其他的论证都是不充分的，甚至前提都是错误的，用这样的方式而得出的结论实在是惨不忍睹。

沈约同范缜的论战结果史籍无载，但是从后来的范缜修改刀利为刃利之喻，以及再后来沈约又作《神不灭论》来看，似乎双方谁都不认可对方，谁都不服输。不过沈约的理论比起范缜的论证，的确是存在着一定的差距。

二、灭曹锋锐

曹思文是南朝时期的文人，主要活跃在齐、梁两朝。齐朝时曾任国子助教，到梁武帝时任尚书论功郎、东宫舍人。曹思文是那个时代典型的佛教信徒，笃信神不灭论，也是梁武帝这次论战中最活跃的神不灭论者。法云抄写的《敕答臣下神灭论》一送到，他就立马提笔写成了《难范缜神灭论》。范缜也选择了曹思文的文章进行反击，作了篇《答曹录事难神灭论》。曹思文针对范缜的回复，又写了《重难范缜神灭论》。可以说，曹思文的崇佛思想就表现在《难范缜神灭论》和《重难范缜神灭论》这两篇文章之中。

曹思文在《难范缜神灭论》中说：

形非即神也，神非即形也，是合而为用者也，而合非即矣。生则合而为用，死则形留而神逝也……昔者赵简子疾，五日不知人。秦穆公七日乃寤，并神游于帝所，帝赐之钧天广乐。……若如论言，形灭则神灭者……形既病焉，则神亦病也。何以形不知人，神独游于帝所而欣欢于钧天广乐乎？斯其寐也魂交，故神游于蝴蝶，即形与神分也。其觉也，形开遽遽然周也，即形与神合也。然神之与形，有分有合，合则共为一体，分则形亡而神逝也。是以延陵季子而言曰：骨肉归复于土，而鬼气无不之也。斯即形亡而神不亡也……《孝经》云："昔者，周公郊祀后稷，以配天，宗祀文王于明堂，以配上帝。"若形神俱灭，复谁配天乎？复谁配帝乎？……且无神而为有神，宣尼曰：

"天可欺乎?"今稷无神矣，而以稷配，斯是周旦，其欺天乎？既其欺天，又其欺人，斯是圣人之教以欺妄。以欺妄为教，何达孝子之心，厉偷薄之意哉？

曹思文开篇就先指出形神的关系并不如范缜所说是"相即"，而是"相合"的，并且提出了"形神合"的论点，还说："而合非即矣。""形神相即"的意思是形与神相互依存，不可分离，在承认形体决定精神的基础上，认为形体与精神是相互统一的整体。曹思文在这里所说的"形神合"，是说形体和精神这两者是相互独立的个体，二者"合而为用"。曹思文的这种论调就是典型的形神二元论了。二元论看似独立于唯物主义与唯心主义之间，但往往会偏向唯心主义，曹思文就是这种例子，他就反复强调精神的重要性。为了证明形神是可以分离的，曹思文还举了赵简子和秦穆公的例子。他说赵简子昏迷和秦穆公神游天庭的事例就可以用来说明灵魂可以脱离形体而单独存在，而当灵魂再次回归到身体时，又能体现形与神的"相合"。他还引用延陵季子的话：骨肉重新归于尘土，而鬼魂无一不是离开形体。他最后还使出有神论者惯常使用的绝招——用儒家的祭祀来反击范缜的无神论观点。这是曹思文的论证过程，得出的结论就是形神能分离，形亡而神不亡。

曹思文的理论没有多大的创新，只是反复援引了一些关于梦中景象的例子来证明自己的观点，不免显得有些苍白。曹思文这篇文章中比较有价值之处在于，他提出来了人们对梦的形成原因的迷惑。

面对众多对手充满了武断的教条套用且毫无名理价值的文章，范缜一概不予回答，只挑选了曹思文这篇文章进行批判。他在《答曹录事难神灭论》一文中，就对形神是"相即"而不是"相合"的问题进行了辩解。所用的方式并不是直接反击，而是"借力打力"。他说："若合而为用者，明不合则无用。如蛩駏相资，废一则不可。此乃是灭神之精据，而非存神之雅决。"如曹思文所说，形神相合才能发生作用，不合就不能发生作用。就像蛩駏（"蛩蛩駏驉"的省称，传说中的两种异兽，样子相似而又形影不离）二兽，形影不离，缺一不可，这正好是用来证明形神不能分离的精准例子，并不是为你曹思文所用来证明形尽神不灭观点的。范缜在解决这个问题时，没有立即进行犀利的反驳，而是先假设曹思文"形神相合"论点的成立，再用曹思文所引用的证据来反驳曹自己的论点，从而推倒他的论点。

对曹思文的观点的反驳，最大的难点在于对梦进行合理、科学的解释。梦中景象，如前文我们已经说过的一样，正好是灵魂不灭观念的起源。因为科学技术水平的限制，人们大多相信梦是人的灵魂离开身体后所遭受的真实经历。曹思文的论据正是这种思想的反映。范缜要对这个问题进行科学的解释，显然是很吃力的。但是他还是尝试在自己能力所及的范围内，着力解决这个问题。他在《答曹录事难神灭论》一文中驳斥说：秦穆公能在天上听音乐，·尝百味，住大宫殿，看见天地，穿精致的衣服，挽住龙的缰绳，这些都说明了精神也是需要依赖形体的。"神无所阙，何故凭形以自立？"精神是不能脱离形体发挥作用的。范缜斥责曹思文的论难只是"穷辩"，不在于"穷理"。他说庄周梦见自己变成了蝴蝶，并不是他真的化为蝴蝶了。如果真的变成了蝴蝶，就跟那些梦为牛马的情况一样，那么，第二天人从梦里醒来，就应该能看见死蝴蝶、死牛和死马，但是我们并没有看见这些形骸，由此可见"梦幻虚假，有自来矣"。所以，梦并不能用来当作精神能独立存在于形体之外的证据。

对于季子的那句话，范缜再次重申了自己道家唯物主义的立场，他说："人之生也，资气于天，禀形于地；是以形销于下，气灭于上。气灭于上，故言：'无不之。''无不之'者，不测之辞耳，岂必其有神与知邪？"他认为季子所说的人死之后，"鬼气无不之"是指构成人的"气"的烟消云散般的"无不之"，并不是什么灵魂的四处游荡。"无不之"这个词本来就是很难意料的词语，难道就必定有精神和知觉吗？

对于圣人设教是否存在欺妄，范缜持"显仁藏用"的观点，也就是说圣人那样做是为了将有益于风化的一面表现出来，而将无益处的一面收敛了起来，所以说"圣达节而贤守节"。欺妄是什么呢？欺妄是伤风败俗，将人诱入歧途。圣人这样做是益于风化的，怎么能说是欺妄呢？

范缜反驳曹思文论难之时，坚持的是自己唯物主义一元论的立场，凭借自己的理论水平和良好的辩才，总的来说，范缜的论证是成功的。但是，他也在反驳中留下了破绽。除了在当时科学技术水平的限制下，双方都无法用科学解释梦境之外，范缜还在反对"形神相合"时，错误地将形神比喻为蚕駏二兽。这就等同于回到了将形神喻为"薪火"两种物质的阶段。这种错误就不可避免地假手于人。曹思文再次写成《重难范缜神灭论》一文，重点攻击的就是范缜关于蚕駏留下的漏洞：

> 蚕蚕駏驉，是合用之证耳，而非形灭即神灭之据也。何以言之？蚕非驉也，驉非蚕也。今灭蚕蚕而駏驉不死，斩駏驉而蚕蚕不亡，非相即也。今引此以为形神俱灭之精据，又为救兵之良援，斯倒戈援人，而

欲求长存，悲夫！斯即形灭而神不灭之证也。

曹思文的这篇文章抓住的只是范缜一时考虑不慎而留下的一个漏洞。他认为蛩蛩和驱骀二兽，虽然形影不离，但是其中一个死去并不会影响另外一个的存活，所以蛩蛩驱骀的例子正好可以证明行尽而神不灭。

毕竟范缜已经将形神的比喻发展成了刃利之喻，所以要弥补这个漏洞就简单得多了。当范缜再次回归到刃利之喻时，他凭借深厚的积淀和锐利的词锋，使得本来气焰嚣张的曹思文理屈词穷，不得不启奏梁武帝："范缜……犹执前迷……思文情识愚浅，无以折其锋锐。"最终放弃了论战。梁武帝也只好安慰道："灭圣难以圣责，乖理难以理诘。如此则言语之论，略成，可息。"曹思文的论辩以失败告终。

三、完胜外弟

萧琛出身兰陵望家大族，是南朝齐、梁时代的学者、佛学家。齐朝时任太学博士，也是竟陵王萧子良西邸文士集团中的重要一员，为"竟陵八友"之一。萧琛在梁朝时深得梁武帝厚爱，武帝每次朝宴都称呼他为"宗老"。他不断升迁，晚年官至侍中、特进、金紫光禄大夫，位极人臣。他是梁武帝的这群辩手中同范缜关系最近的一位，是范缜的妹夫，也是范缜难得的知己。史书记载，范缜性情质朴直爽，喜欢发表危言高论，所以不为士友所接受。萧琛却很欣赏这位内兄，萧琛自己本身就是一个善辩的人，但是常常被范缜简练的言辞所打动，从心底佩服他，因此两人的关系一直都很好。最大的对手往往才是自己最好的朋友，范萧二人正是这种关系的完美诠释。

同其他人一样，萧琛也先提出神灭与神不灭的关键——"形神合一"是否成立。他针对范缜的"形神相即"发难道：

> 今论形神合体，则应有不离之证，而直云"神即形，形即神""形之与神不得相异"，此辨而无征，有乖笃喻矣。予今据梦以验形神不得共体：当人寝时，其形是无知之物，而有见焉，此神游之所接也。神不孤立，必凭形器，犹人不露处，须有居室。但形器是秽暗之质，居室是蔽塞之地，神反形内则其识微惛，惛故以见为梦。人归室中则其神暂壅，壅故以明为昧。夫人或梦上腾玄虚，远适万里，若非神行，便是形往邪？形既不往，神又弗离，复焉得如此？若谓是想见者，及其安寐，身似僵木，气若寒灰，呼之不闻，抚之无觉，既云神与形均，则是表里俱倦，既不外接声音，宁能内兴思想！此即形静神驰，断可知矣。又疑凡所梦者，或反中诡遇，或理所不容，或先觉未兆，或假借象类，或即事所无，或乍验乍否，此皆神化茫渺，幽明不测，易以约通，难用理检。若不以神游，必宜求诸形，内恐块尔潜灵外绝觊。觊虽复扶以六梦，济以想因，理亦不得然也。

　　萧琛认为范缜的"形神相即"只是没有证据的妄想。他自己则能用梦的例子来验证关于形神能分离的观点。他发展了前人的比喻，认为形体之于精神就好比是人之于房子，正如房子对于人来说是闭塞的，精神长期处于秽暗的形体里得不到释放，才会受迫于环境，离开形体，神游于外，所遇所见的内容正是人们所做的梦。人睡着的时候，身体就变成了没有知觉的状态，但是梦里却能见到人情事物，这正是灵魂游于体外时的所见所闻。在梦里，人能够跳上天，能够行万里路，如若这些都不是精神所实施的内容，那就一定是形体所实践的。形体没有前往，精神又没有离开形体出游的话，又怎么会达到这样的情形呢？萧琛还说，人熟睡的时候，身体是僵硬的，旁人叫他、碰他都没有反应，如果像范缜所说，"神与形均"，那人的内外都应该是疲倦的，为何身体听不到外界的声音，内心却有如此繁复的思想活动？萧琛把人做梦的情况归为"形静神驰"，并以此作为他反对"形神相即"观点的支撑。他还进一步说，梦境里有各种不合常理的情况的发生，那是因为精神世界变化莫测，是不能用常理去检验的。

萧琛对梦的阐释与曹思文的观点很像，但是显得更系统、更清晰。由于萧琛跟曹思文的文章几乎是同时写成的，范缜在《答曹录事难神灭论》中也提到："外弟萧琛，亦以梦为文句甚悉。"范缜对曹思文观点的批判，也就是对萧琛论难的回复。

在反驳完"形神相即"之后，萧琛又将枪口对准范缜论证"形神合 "的小论点——"形质神用"，以及对这个论点进行形象描述的刃利之喻。他说：

> 夫刃之有利，砥砺之功，故能水截蛟螭，陆断兕虎。若穷利尽用，必摧其锋锷，化成钝刃。如此，则利灭而刃存，即是神亡而形在，何云舍利无刃，名殊而体一邪？刃利既不俱灭，形神则不共亡。虽能近取譬，理实乖矣。

萧琛认为刃利的关系，并不如范缜所说，是一体的，而是可以分离的。他说刀刃的锋利来源于砥砺，但是如果"穷利尽用"，必然就会使刀变钝，失去原本的锋利。这样的情况一旦发生，刀刃也并不会因为没有锋利就不继续存在了，那么，这不就是"利灭而刃存"的情况了吗？相对应的情况自然就是"神亡而形在"。萧琛就是这样通过反驳范缜的刃利一体，来论证自己的"形神不共亡"的。

萧琛的这个观点乍一看还有些合理性，但是经不起仔细推敲，因为他犯了绝对主义的错误。萧琛所说的刃变钝了，并不是在刀刃无损害的情况下发生的，根本就不会发生他所说的锋利不在了，刀刃还存在的情况。有观察过刀刃的人都会明白，刃的不再锋利往往伴随着刀刃的磨损。同时，刀刃的利与钝只是相对的概念。不能因为刀刃在针对某些物件的使用过程中表现得有些钝了，就否认了它还具有的锋利的性质。我们常说的刀刃钝了，只是相较于之前锋利的时候变得有些钝了，不可否认的是，它还可以在其他使用过程中表现出锋利的一面，正如不能砍树的刀还可以用来切豆腐一样。而当刀刃真的都钝到没有一点锋利的时候，也就是这把刀不存在刃口的时候。在日常生活中，我们说刀锋利与否，往往是依靠使用者在特定的使用目的下作出的主观的价值判断，难免就会失去其客观的公正性。萧琛在这里不仅只看到了绝对性，没有看到相对性，而且还犯了主观主义的错误。而萧琛的这个例子掩盖着的"利亏刃损"，正好是范缜"形神相即"论点的绝妙支撑。

萧琛的第三个非难就是范缜的"生人有知"：

> 论云："人之质有知也，木之质无知也。"岂不以人识凉燠，知痛痒，养之则生，伤之则死邪？夫木亦然矣。当春则荣，在秋则悴，树之必生，拔之必死，何谓无知？今人之质犹如木也，神留则形立，神去则形废。立也即是荣木，废也即是枯木。子何以辨此非神知，而谓质有知乎？凡万有皆以神知，无以质知者

也，但草木昆虫之性，裁觉荣悴生死，生民之识则通安危厉害。何谓非有如木之质以为形，又有异木之知以为神邪？此则形神有二，居可别也。

他把人的"有知"归结为知冷暖、知痛痒、受到调养就能活下去、受到伤害就会死去等等这些低级的知觉类。萧琛认为树木在春天能发芽，在秋季疲萎，如果栽种的话就能活下去，拔出来的话就会死掉，所以，树的这些生物共有的刺激感应性是等同于人的知觉的。于是他得出了树跟人一样都有精神，而精神都"有知"的结论。在这个结论上，萧琛进一步提出：精神的去留决定了形体的废立。他还认为"有知"的是精神，并非范缜所说的"质"，"形神有二"是"可别"的。

萧琛认为树跟人类一样，都有精神，都"有知"，是佛教"众生平等"思想的一种反映。萧琛将人类的精神活动完全等同于知觉，再将人的知觉等同于树的刺激感应性。这种论证过程和论证结果都是以当时的唯心主义占绝对优势的时代社会背景为基础的，萧琛对这种思想的执着更是反映了他受到的影响之深。而萧琛的这一论题在范缜的《神灭论》中已经被驳倒，已经没有了继续争论的意义。他提出的"今人之质犹如木也，神留则形立，神去则形废"，完全是他自己的个人臆断，从前文中得不出这样的结论，只能算是他自己思想的一种罗列，谈不上辩论，没有意义。

萧琛对感觉和思虑的模糊处理还体现在他的下一个非难之中：

论云："形神不殊，手等皆是神分。"此则神以形为体，体全即神全，体伤即神缺矣。神者何？识虑也。今人或断手足，残肌肤，而智思不乱，犹孙膑刖趾，兵略愈明，卢浮解腕，儒道方谧。此神与形离。形伤神不害之切证也。但神任智以役物，托器以通照，视听香味各有所凭，而思识归乎心器。……又云："心为虑本，虑不可寄之他分。"若在于口眼耳鼻，斯论然也；若在于他心，则不然矣。耳鼻虽共此体，不可以相杂，以其所司不同，器用各异也。他心虽在彼形，而可得相涉以其神理均妙，识虑齐功也。故《书》称"启尔心，沃朕心"，《诗》云"他人有心，予忖度之"。齐桓师管仲之谋，汉祖用张良之策，是皆本之于我形，寄之于他分。何云张甲之情不可托王乙之躯，李丙之性勿得寄赵丁之体乎？

萧琛把范缜的"形神相即"理解为形体跟精神的对应，这点同沈约"七窍百体无处非神"的观点一样。但是萧琛比沈约更明显地无视了范缜将精神活动分为感觉和思维这两种不同等级的观点。范缜早早地就在《神灭论》中说清了"手等亦应能有痛痒之知，而无是非之虑"，萧琛偏偏就举孙膑和卢浮伤残却并不影响他们智力的例子来反驳范缜。而后，他又将知识的继承、心思的揣度及齐桓公和刘邦分别采用管仲和张良的计策这类的情况，也归因于精神在不同形体之间寄存、游走，也显得凌乱、牵强，不仅毫不相干，而且没有逻辑性。

萧琛对范缜各个论点的逐条反驳，最终指向了范缜论证不足的缺憾——关于圣人的形与神的问题：

论云："岂有圣人之神而寄凡人之器，亦无凡人之神而托圣人之体。"今阳货类仲尼，项籍似帝舜，即是凡人之神，托圣人之体也。……又有女娲蛇躯，皋陶马口，非直圣神入于凡器，遂乃托于虫畜之体！

此形神殊别，明暗不同，兹益昭显也。若形神为一，理绝前因者，则圣应诞圣，贤必产贤，勇怯愚智，悉类其本；既形神之所陶甄，一气之所孕育，不得有尧睿朱嚣，瞍顽舜圣矣。……人形骸无凡圣之别，而有贞脆之异。故遏灵栖于远质，促神寓乎近体，唯斯而已耳！

萧琛认为阳货长得像孔子，项羽长得像帝舜，都是凡人的精神寄托在圣人的身体之中的缘故。女娲有蛇一样的躯体，皋陶有马一样的嘴巴，是圣人的精神寄托于凡人和动物躯体的明证。他还说，如果真像范缜所说，圣人的形体与精神是一致的话，那么圣人就应该繁育出圣明的后代，贤人就应该有贤明的子嗣，就不会出现睿智的帝尧居然生出了不孝子丹朱、贤明的帝舜有瞽叟这样狠毒的父亲的情况了。萧琛提出，人们的形骸是没有差别的，差别只存在于附着在身体上的精神。精神在选择形体栖息的时候用的是就近原则，跟形体无关。

萧琛自始至终都站在唯心主义的立场，他把范缜受时代限制提出的带有身体决定论因素的观点，发展成为了精神决定论。同范缜一样，他也没有看到后天社会实践对人的智力的影响。这是当时的唯心主义和唯物主义都没有接触到先进的科学技术背景下，站在自己的立场上提出解释世界的一种尝试。

但是我们可以看到萧琛在这段论述中还提出了一些令人欣喜的观点，例如，他认为凡人和圣人在形体上是没有差距的。虽然他是准备用这个观点来为自己的唯心主义论点辩护，但是这句话本身却是正确的。这也就是我们要借鉴唯心主义哲学的原因之所在。

萧琛也作了一段结语，对范缜指出的佛教的祸害进行辩解，他说：

> 佛之立教，本以好生恶杀，修善务施……今守株桑门，迷瞽俗士，见寒者不施之短褐，遇馁者不锡以糠豆，而竞聚无识之僧，争造众多之佛，亲戚弃而弗眠，祭祀废而弗修，良缯碎于刹上，丹金縻于塔下，而谓为福田，期以报业。此并体佛未深，解法不妙，虽呼佛为佛，岂晓归佛之旨；号僧为僧，宁达依僧之意？此亦神不降福，予无取焉。夫六家之术，各有流弊，儒失于僻，墨失于蔽，法失于峻，名失于讦，咸由祖述者失其传，以致泥溺。今子不以僻蔽诛孔、墨，峻讦责韩、邓，而独罪我如来，贬兹正觉，是念风涛而毁舟楫也……若能鉴彼流宕，纛不在佛，观此祸福，识悟教诱，思息末以尊本，不拔本以拯末，念忘我以弘法，不后法以利我，则虽曰未佛，吾必谓之佛矣。

萧琛认为范缜指出的佛教造成的祸害，并非是佛教本身的过错，而是体佛不深的"迷务俗士"在"蠹俗伤化""废货损役"。他们虽然信奉佛教但是根本没有体会到佛的真谛，才会犯下这样的违反佛教教义的错误，佛也不可能降福给他们。他还认为中国本土的学派都已经失去了前人学说的特点，以至于走入了泥潭，不能自拔。在这样的环境下，注入中国的佛教学说，并不是敌人，而是中国知识库的补充，不应当受到排斥。

萧琛为佛教推卸责任的辩护有些牵强，毕竟崇佛危害已经在全社会都泛滥成灾了，不是一两句佛教本旨是向善的，就能把责任推得一干二净。而从范缜的立场来看，萧琛这样的言论也就证实了范缜所说的佛教危害。佛教在戒律方面的缺乏执行力，对百姓的危害还算是次要的，宗教对人的精神毒害才是最具摧毁力的，才是萧琛所说的"迷务俗士"所犯的各种错误的根本原因。这点，萧琛没有看到，"身在此山中"的他也根本不可能看到。而佛教的这个精神毒害成立的根基，正是建立在宗教唯心主义基础上的神不灭论。在这点上，范缜比萧琛明白得多。

但是他提出中国学术应该以开放的态度来接纳佛教，这个观点却是相当有价值的。佛教提倡不争不妒、修心养性。对个人来说，能独善其身，对国家来说，能缓和内部矛盾，特别是佛教在哲学上的建树更应当被重视、被借鉴、被学习的。事实上，在中国古代，唯心主义哲学长期占有优势地位，佛教作为唯心主义阵营中相当有实力的一员，也为中国学术的发展立下了汗马功劳。所以说，以广阔的视野看待外来学术思潮是必需的，但这正好是古代中国最缺乏的态度，也是造成中国由世界领先的地位滑落到落后国家之列的原因之一。倘若同萧琛持相同观点的知识分子还有很多，那么很早就开通了丝绸之路，并且与其他国家交流频繁的古代中国，就会拥有一份广阔的国际视野，中国的学术和科技等方面的成就也就无法衡量了，又怎么会在近世因为"闭关自守"而沦落到落后的国家之列呢？

以沈约、曹思文、萧琛为代表的魏晋南北朝时期的崇佛士大夫，他们笃信佛教，对唯心主义坚信不移。因此，他们痛批神灭论，往往最先从范缜"形神相即""形质神用"的观点着手，针对性地提出"形神为二""形神相离"等唯心主义一元论或者二元论的观点。他们强调精神的绝对重要性，往往就会刻意贬低形体的作用，相信佛教的"众生平等"，所以就认为人同树木之类的低级生物的身体构成是一样平等无差的。他们精通玄学、佛学，拥有良好的思辨能力，所以能一针见血地指出神灭论思想的不足之处，虽然最终得出了一些唯心主义的结论，但是论证过程却很具启发性。

魏晋南北朝时期崇佛士大夫是一个庞大的集团。他们在维护佛教的过程中，提出了许多对有神论、无神论都有益的思想，并就某些问题还进行了较为深入的探讨。他们主张文化没有国界，不应对华夏以外的民族及其文化实行歧视和排斥，应当积极地容纳外来的先进文化，这种思想即使在当代社会也是有现实意义的。此外，他们具备的精致的唯心主义，在辩证唯物主义产生之前，往往比朴素的唯物主义更具有思辨性，更能在客观上指出通向真理的道路。

崇佛人士维护神不灭论的论辩，也是范缜神灭论思想的一大来源，他们逐一检查范缜思想的不足之处，往往能直中要害。而当局者迷的范缜，正是在反思神不灭论者无情攻击的过程中，不断完善自己神灭论思想，才会写出那篇著名的《神灭论》。从哲学的立场来说，唯心主义同唯物主义的论战，是两种不同的哲学派别最先进的思想的过招，两种针锋相对的思想互相碰撞，对双方来说都是促进成长的特效成长素。正是这一对对立统一的矛盾双方的相互斗争，才在齐梁时期对神灭论思想产生了巨大的推动力。

第7章

《神天论》与南北反佛浪潮

南北朝时期是佛教在中国生根之后，逐步开始稳步起飞的时代。与此同时，反佛思想也因为受到对手的刺激而不断生长，历朝历代的反佛者同时也拥有了广阔的发展空间，掀起了层层反佛浪潮。由于南北朝时期南北政治分野，不同的社会背景反映到意识形态的层面，使得南北方佛教的发展和反佛思想均呈现出一些独特的个性。

一、北朝：缺乏名理　政治排佛

南、北朝是近邻关系，这给两国的交流提供了便利条件。同时，北朝文化的相对落后，又使得它思想文化的发展表现出近乎单方向地吸收南朝文化的现象。直到北朝的汉化程度加深，能与南朝并举之时，两者之间的影响才从单向的吸收转变为双向交流的表现形式。并且，由于南北朝的社会特点并不可能完全一致，所以他们在思想发展过程中都各有其独立的个性。

北朝建立伊始，就尽量吸收南朝的思想。而南方政权从东晋开始就吸纳佛教作为思想统治的传统，被南朝的统治者们沿袭了下来。北朝从南朝引入的思想中自然也就包括了佛教，我们所能见到的形式就是优礼世族、重用儒生、崇敬僧尼、大兴佛寺，以此来奠定北魏国基。佛教思想也被北朝纳入进了统治阶级的意识形态，并且成了北魏统治者所提倡的正宗思想。不仅如此，北魏拓跋氏的皇后还大都需要出家为尼，这在历史上是非常著名的奇特现象。宗室也大都信佛，虽然这并不显得那么有震撼力，但也是佛教在上层社会中重要地位的折射。就这样，在政权的庇护下，佛寺和僧侣都有很大的规模，且持续膨胀。北魏佛教还给今天的我们留下了一笔丰富的物质文化遗产——佛窟。中国四大石窟中的山西云冈石窟和洛阳龙门石窟均开凿于北魏，此外的两个——甘肃敦煌莫高窟（前秦）和甘肃天水麦积山石窟（后秦），虽然在北魏之前就已出现，但是在北魏时期也大有增加。

正是佛教在北朝有着国教的地位，才会树大招风，不免引起权势之人的反感。例如北朝权势日炽的崔浩，其夫人郭氏就笃信佛教，而崔浩却对此不以为然，一次他竟将其妻时时诵读的佛经拿出来全部烧掉，并将纸灰扔到了厕所中，足见其对佛教的厌恶程度之深。因为佛教跟礼教的抵触以及自身发展的不完备，有实力的反佛人士才能轻而易举地找到借口和时机，偷袭佛教，这样就促成了北魏太武帝和北周武帝的两次灭佛事件。但是这两次灭佛行动具有很大差别：太武帝灭佛发生在孝文帝改革之前，是在北魏汉化的道路上对佛教的一种暂时性动摇。而北周灭佛则是在佛教已经根深蒂固的情况之下，盛极一时的教权与至高无上的皇权相互冲突，从而造成了统治阶级内部矛盾的暴露。前文之所以用"偷袭"一词，是因为这两次灭佛举动都是暂时的现象，反佛派对佛教的打压并不具备持久的攻击力，甚至都没有自卫能力，而是一种投机性的行为。来时，风雨飘摇，去时，悄无声息。一旦打入中央内部的强有力的佛教回过神来，就必然会采取反击。

太武帝在灭佛不久后就开始后悔自己的所作所为，已经预示了反佛行动即将失败，佛教即将复兴。不久，劝说太武帝灭佛的道士寇谦之就病死了，另外一个主谋崔浩也因为"国史案"得罪拓跋权贵而被灭门。这次的灭佛政策仅仅被执行六年之后，就被抛弃了，佛教立刻就卷土重来！而北周武帝灭佛举措坚持的时间则更短。周武帝死后，继立之君周宣帝和周静帝又都回归到了佛教信仰。这两次针对宗教的政治举措都像是一种冒险的政治行动，它们造就了佛教发展的暂时挫折，但是挫折之后的佛教都是以更强劲的发展势头继续膨胀，其国教地位亦并未被动摇过。因此，虽然北朝不止一次出现了统治者亲自上阵，打压佛教发展的政治事件，但是由于北朝从一开始就急需吸收外来思想以补充自身统治思想的不足，并且由于当时的统治思想并不十分发达，仍需要宗教的"天权神授"来维护神权思想，佛教又恰巧填补了这样的空缺，而且已经成为北朝政权这个大厦之所以能建立起来的基石。所以，北朝根本就没办法舍弃佛教，佛教在北朝的地位也不见得比在南朝低，甚至可以说，比南朝还高。

南朝佛教与主流学术玄学相互交融在一起，促进了南朝对佛教的持续信仰。北朝的佛教发展与自身学术情况也不无关系。

魏晋时期的玄学兴起于魏晋的京师洛阳，传播范围主要是在以洛阳为中心的黄河以南地区。黄河以北、关中一带，都较少受到玄学风尚的影响，尤其是黄河以北的地区，学术风气趋于保守，大抵笃守汉朝以来的学术传统，尤其是儒学之中的章句训诂之学。永嘉南渡之后，洛阳地区的玄学基本上就都随着南渡名士迁往了江东，北方的玄学也因此几乎灭绝。因此，南北学术风尚相差很大，正如《北史·儒林传》对比南北学风时所说："南人约简，得其英华；北学深芜，穷其枝叶。"

正因为在文化遗产的承继上有此差别，所以南朝的佛教都富有名理性质，而北朝的佛教则最重净行与皈依，这与南北学风是一致的。同样，学术风气的不同，还反映到了反佛思想的进步程度上。

北朝的两次政治灭佛，都是道家神仙派为主谋，例如北魏的寇谦之和北周的卫元嵩与张宾，都是道家。但是这种毁佛是一种政治投机性行为，只能取得暂时的胜利。真正从理论上与佛教作斗争的，必然还是需要富有名理思辨的士人。但是，如上所说，北朝的名理并不发达，当时的儒家反佛思想斗争也大多是从政治伦理方面进行理论，并没有什么新意。著名的如杨衒之的《洛阳伽蓝记》，这部流传甚广的作品就是从尊君、理财、卫国等这些学究式的思想入手发起辩论的。在北朝初年，从来就没有出现过什么神灭论思想，而后期出现的神灭论思想，又都在范缜之后。他们的理论及辩证的特点，都可以视为南朝反佛思想的北渐，并不是北朝固有的学术所发展出来的结果。

二、南朝：儒道合一　文化排外

南方学术的名理训练，在晋朝时就已经很充分，且很有成就。玄学同佛教的相互交融，一方面使得佛教也具备玄学特点，完善了佛教教义的逻辑辩证性，另一方面，也方便了南朝士大夫理解和把握佛教义理。所以，南方的反佛理论斗争，较北方进步得多、深刻得多。从南朝初期，反佛的理论就已经从多方面展开，而神灭论思想就已经充斥其间了。

比范缜稍早的何承天是刘宋时期重要的无神论者，同时也是这一时期著名的天文律历学家。何承天经过研究，认为过去一直沿用的景初乾象历法存在问题，奏请皇上重修历法，名为《元嘉历》，订正了旧历中的冬至时刻和冬至时日所在位置，该历法一直通行于宋、齐及梁天监中叶。他经过推算，认为周天度数和两极距离相当于给出圆周率的近似值约为 3.1429，对后世历法影响颇深。也许正是科学与宗教的相互对抗的性质，使之形成了较为系统的反佛理论。他在《达性论》中说，人"生必有死，形毙神散，犹春荣秋落，四时代换，奚有于更受形哉？"表明有生必有死，这是自然准则，人的形体一旦消亡，精神就必定随之消散的观点。可惜的是，他并没有在这个观点上坚持到底，他虽然赞成"形毙神散"，但是又在《达性论》中说："三后在天，言精灵之升遐也。"说到底，他也跟范缜一样，受着儒家思想的束缚，这种思想局限是时代特色，不易突破。此外，他也利用传统的薪火之喻表达了自己的看法："形神相资，古人譬以薪火，薪弊火微，薪尽火灭，虽有其妙，岂能独传？"再次肯定了形神之间的互依互存，矛头直指的是神不灭论的根基。

除此以外，何承天还写了《报应问》一文，举例子说，鹅只吃青草并没有杀生却被厨师宰杀来供人享用，燕子吃虫子是犯了佛教所说的杀生戒，却得到了人们的爱护，这样的例子就足以证明世上并没有所谓的因果报应。他在《达性论》中论证人比其他动物优越，由此得出人不可能转生为其他生物，根本就不可能"更受形"。佛教所谓的爱惜生物，不过只是用来教化世人拥有仁爱之心罢了。所谓的善恶报应纯粹是无稽之谈。他批判佛教"其枝末虽明，而即本常昧。其言奢而寡言，其譬迂而无征"。认为佛教理论虽然在具体的实际问题上论证充分，但是本质问题上就已经犯错误了，佛教徒惯用一些夸大、荒诞且无法验证的观点哄骗世人，报应论"乃所以为民陷阱也"。

除了灵魂不灭和因果报应，何承天的论点还涉及了佛教所谈的"轮回转世"重要的理论支撑——"众生无别"。何承天依据《易经》，从儒家的立场指出："夫两仪既立，帝王参之，宇中莫尊焉。天以阴阳分，地以刚柔用，人以仁义立。人非天地不生，天地非人不灵。三材同体，相须而成者也。故能禀气清和，神明特达，情综古今，智周万物，妙思穷幽赜，制作侔造化，归仁与能，是为君长……""安得与夫飞沉蠕蠕，并为众生哉？"认为天、地、人三者是宇宙中最重要的三要素，人与天、地相须而立，处于同天地相提并论的高度，又怎么可以是鸟鱼昆虫之类的低级生物所能追及的呢？又怎么可能同它们并处于众生之列？正如佛教论"众生"是为了论证轮回一样的道理，何承天在这里反对人与众生无别，也就是为了否认轮回报应之说。

受魏晋玄学"无"的影响，佛教发展出了"空无"观，正如东晋名僧道安所说："无在万化之前，空为众形之始"，宣扬世间万事万物都是暂时存在的，要人们放弃执念，让精神摆脱现实的束缚，从而达到绝对"空无"的涅槃境界。佛教的这种"空无"观点也遭到了秉持"崇有"立场的何承天的攻击。何承天在《答宗居士书》中说："如论云，当其盛有之时，已有必空之实。然则即物常空，空物为一矣。今空有未殊，而贤愚异称，何哉?"这句话的意思是说，如果如佛教徒所说，世界是空无的，那么"富有"的时候实质也是"空"的，那为什么世人还对"有"还是"无"存在着不同意见呢? 他认为佛教讲"空无"是极其虚伪的，他们在口头上讲"空无"，实际上是因为他们害怕"生死轮回"和"因果报应"，他们并不是把一切都看作"空无"的。

何承天是一位具有科学思想的儒生，虽然他的神灭论思想不及范缜的思想透彻，但是他处在比范缜尚早的刘宋朝，已经在古人思想层次上有所进步。但他并不是主流的反佛典型例子。跟当代社会重理不同，古代社会是重文轻理的，当时学术强调的是儒家提倡的孝、悌、忠、信、礼、义、廉、耻之类的德行和气节。何承天的科学成就能为后人继承，但科学思想的高度就不一定能为普通的士大夫体会到了。可以说，更多的反佛人士跟何承天走的不是一条反佛之路。

南齐的顾欢也是一个著名的反佛人士。据《南齐书·高逸·顾欢传》记载，顾欢"晚节服食……事黄老道，解阴阳书"，且《弘明集》《佛道论衡》都直接称他为顾道士，顾欢的身份是道士应当无疑。而这位道士却是从儒家的夷夏之别出发，写成了肯定儒、道的价值，贬斥外来佛教的著名的反佛文章——《夷夏论》。顾欢说：

五帝三皇，不闻有佛。国师道士，无过老庄。儒林之宗，孰出周孔？若孔老非圣，谁则当之？……道济天下，故无方而不入；智周万物，故无物而不为。其入不同，其为必异；各成其性，不易其事。是以端委缙绅，诸华之荣；剪发缁衣，群夷之服。擎跽磬折，侯甸之恭；狐蹲狗踞，荒流之肃。棺殡椁葬，中夏之风；火焚水沉，西戎之俗。全形守礼，继善之教；毁貌易姓，绝恶之学。……虽舟车均于致远，而有川陆之节。佛道齐乎达化，而有夷夏之别。若谓其致既均，其法可换者，而车可涉川，舟可行陆乎？今以中夏之性，效西戎之法……舍华效夷，义将安取！

在顾欢看来，三皇五帝之世，中原之地根本就没有佛教。儒家、道家都在佛教之先就已经出现，并已经在中国存在很长时间了。他认为佛教徒宣扬佛教很早就存在于中国，蓄意模糊夷夏界限。顾欢作为本土学术之一的道家学派的代表人物，对佛教的这种行为当然无法容忍，所以在此反驳。他还说，老庄道学同儒家才是治理天下、无所不知的真正的学问，只有孔子和老子才配称为圣人。这是肯定以道家和儒家所代表的中国传统学术。他强调华夷地理不同，性情各异，中国是礼仪之邦，外夷则全无礼形。儒、道是中国本土产生的适合于中国民俗的治民之教，佛教则产生于蛮夷之地，佛道有夷夏之别，所以因地制宜，中华之地只适合用道家、儒家思想来治理，佛教者这种夷教并不适合中国。

顾欢的这一篇有着浓厚的排外主义情节的《夷夏论》，不仅体现出中国原有的"夷夏之防"的观念，更重要地是还表现了这一时期儒道合一反击佛教的学术风向。

与范缜同时代的还有郭祖深和荀济，他们都是梁武帝时期的人，眼见武帝痴迷于崇佛，便站在名教和治国的立场上奏反佛。

据《南史·循吏·郭祖深传》记载，郭祖深是抬着棺材前去觐见梁武帝的，这是古代士大夫常见的做法，表示自己甘愿为进言而死。他说梁武帝自己信仰佛教就罢了，还在全国推广佛法，以至于现在家家户户都做斋戒、做忏礼，却不务农桑，无所事事，只是空谈虚幻的彼岸世界。在郭祖深看来，农桑才是关乎百姓糊口救济的民生事务，功德报应是不确定的将来事，毁农事来事佛简直就是舍近求远、本末倒置的愚蠢做法。现在京城已经有五百多所寺庙，全都装饰得极尽奢华，僧侣人数多达十余万，他们全都资产丰沃。京城的佛教都发展成这样了，下面的郡县必定更加夸张。出家之人，本务清修，现在的僧人却往往做出违法乱纪之事，和尚们私自豢养妇女，还给这些女人穿上了绫罗绸缎。伤风败俗，就是从这里开始的！

郭祖深虽然没有对佛教进行理论上的批判，但是他身处梁武帝佞佛之时，敢于站出来，从国家和百姓的立场，对佛教发起攻击，实属勇气可嘉。

这个时代还有一个敢说敢为的反佛人士——荀济，他也不顾朝廷崇佛的氛围，上书极言武帝崇佛所造成的不良影响。荀济的言论保存在唐代道宣所撰的《广弘明集》中，我们可以对他的奏疏进行一下简单的概括。

先谈佛教乱国。他说远在三皇五帝之时，中国就达到了盛世，民风也很淳朴。到佛教传入，汉武帝祭祀金人，就败坏了朝政，最终导致王莽篡汉事件的发生。桓、灵二帝有崇佛的举动，于是造成了宦官擅权，毁了汉朝的天命，三国也由此建立起来。说完远的，荀济又举了近一点的例子，他说宋、齐两朝的君主都崇佛重佛，但是这两个国家一覆灭，佛教寺庙就立马改变了心之所向。正是因为佛教僧众昏淫乱道，才使得宋、齐泯灭，现今"陛下承事，则宋、齐之变，不言而显矣！"荀济警告梁武帝的崇佛就是在步宋、齐覆灭的后尘。

其次讲佛教弃绝忠孝。五胡乱华之时，衣冠人士南渡江东，佛教由此在中原之地兴盛起来。于是，佛教"使父子之亲隔，君臣之义乖，夫妇之和旷，友朋之信绝，海内肴乱。三百年矣，稽古之诏未闻！"荀济认为佛教会破坏父子之间的亲情、君臣之间的忠义，能破坏夫妇之间的和睦，使友人之间变得不再有诚信，以致天下纷乱。他还一针见血地指出佛教"在生亲尚不存，既殁疏何能救！"既然佛教连活着的人都不能提供必要的赡养，又怎么能拯救死去的人呢？

再讲佛教是蛮教，不适合中国。荀济认为："案释氏源流，本中国所斥，投之荒裔，以御魑魅者也。"意思是佛教并不如佛教徒所吹嘘的，起源于中国，而是原本就是为中国所排斥，放逐在荒远的地区，用来对付蛮狄的。他还说："变革常道，自饿形骸，安能济物？聚合凶徒，易衣削发，设言虚诞，不足承禀。"认为佛教破坏风俗，节食自我折磨，又怎能帮助他人，安定天下？佛教聚合一些游手好闲之徒，换掉华夏传统的衣服，披上袈裟，还剃去头发，净说一些虚妄且不切实际的话，完全不值得民众去追随。他还说："今僧尼不耕不偶，俱断生育，傲君陵亲，违礼损化。"意思是这些和尚尼姑，既不务农，也不生育，他们对待君王不施以君礼，也不侍奉自己的双亲，这简直就是违背礼教，是有损社会风化的邪教。荀济的这个观点，明显是站在了名教的立场上。

四说佛教志在贪淫，侵夺朝权。荀济说佛教大费财力修建堂宇，堪比皇宫、明堂等国家建筑，这是僭越君权。欺骗民众布施，攫取钱财，这是敛财。谎言能将天堂的福利卖给民众，还能豁免地狱中的惩罚，这是侵夺君王的赏罚权力。依托佛教虚幻的力量，傲视君王；建造很多寺庙和佛像，广度僧众，这是成就霸主之基。举办佛教盛典，四方佛教徒都前来集会，这是调遣民众。佛教的这些特点都不利于国家政治。此外，佛教还娱乐百姓，妄陈虚幻的佛土安乐，斥责王权政治的苦痛，这就是想通过移风易俗，与朝廷争夺纳税人的财产等等，所有这些都危害着国家的统治。朝廷本来应该提防这样的邪教，一旦有变，就应该实施"诛夷"的措施，将他们一网打尽。现在倒好，梁武帝不仅不反对佛教，却还提倡信仰佛教，容忍佛教徒恣意妄为，这简直就是在自掘坟墓。

五说武帝崇佛，有亏名教：

> 陛下以因果有必定之期，报应无迁延之业。故崇重像法，供施弥隆。劳民伐木，烧掘蝼蚁，损伤和气，岂顾大觉之慈悲乎？胡鬼堪能致福，可废儒道。释秃足能除祸，屏绝干戈。今乃重关以备不虞，击柝以争空地。杀蝼蚁而营功德，既乖释典；崇妖邪而行诌祭，又亏名教。五尺牧竖，犹知不疑。四海之尊，义无二三其德。

荀济说梁武帝信佛因为相信因果报应论，所以崇重佛法，对佛教的供养和布施越来越多。为建佛寺，征发大批的民众去砍伐树木，去烧掘蝼蚁之类的小虫，如此行为，难道不是违背佛教所谓的慈悲为怀了吗？如果佛教当真能招来福气，除去祸害，那么完全就可以废弃儒道二法，废除掉战争。而现如今，国家派重兵驻守边关以备不虞，为了争夺空旷无用的土地浪费武力。杀生建寺庙来求功德，是违背佛教教义的，用祭祀谄媚妖邪，是有亏名教的做法。五尺的牧童尚且知道这样做不妥，皇上作为拥有四海的九五之尊，实在不应当对名教如此不专一！

荀济同郭祖深一样，是站在名教、百姓和国家的立场上反对佛教这个"戎教"的，这是当时最主要的反佛立场，但是荀济比郭祖深要狂傲得多，言论更加激进，更没有给皇帝留情面。正是因为荀济这次上书梁武帝，讥讽佛法的语气太过直率，处处捅在了皇上的痛处，惹得梁武帝甚至不顾昔日布衣之交的恩情，扬言要杀他解恨。荀济见状，连忙逃命去了北魏。荀济给我们留下的是一个独一无二、负气傲佛的反佛形象，以及一段犀利无比的反佛传奇。

顾欢、郭祖深和荀济的排佛，并没有体现诸如何承天、范缜的深层次的义理分析，他们的神灭论思想的立场，同这一时期很多的神灭论者一样，更多地是来源于传统学术的基本观点，然而他们的反佛行为却指示了这一时期站在儒道两派的立场来抵制佛教的潮流风向。这是中国传统的"夷夏之防"思想，在经历了大一统时代的短时间沉寂之后，又在华夷对抗的战乱时代爆发的表现。

西晋末年的社会动荡，招来了北方少数民族的入侵，等到拓跋魏统治了北部中国，佛教也成了它思想上的统治工具，来抵制中国固有的文化思想，儒家与道家的思想首当其冲。于是偏安于南方的汉族政权，在对抗北朝的少数民族政权的斗争中，便采用儒道合一的理论，从佛教非中国固有而导出严别夷夏的民族本位文化论，即文化上的排外主义，宣称少数民族统治汉族的非正统性，既从外部抵制北朝，也号召北朝统治下的广大汉族民众起身反抗少数民族统治。而这一时期杂糅儒学和道学的玄学又恰好为儒道的团结一致铺就了理论上的可行性道路。

南朝的反佛人士大都带有文化排外主义思想，这种思想在由梁朝时主张灭佛的道家人士所作的《三破论》中表述得最为清晰：

> 第一破曰：入国而破国者。诳言说伪，兴造无数，苦剋百姓，使国空民穷，不助国，生人减损。况人不蚕而衣，不田而食，国灭人绝，由此为失。日用损费，无纤毫之益；五灾之害，不复过此。

> 第二破曰：入家而破家。使父子殊事，兄弟异法，遗弃二亲，孝道顿绝，忧娱各异，歌哭不同，骨肉生仇，服属永弃，悖化犯顺，无昊天之报。五逆不孝，不复过此。

> 第三破曰：入身而破身者。人生之体，一有毁伤之疾，二有髡头之苦，三有不孝之逆，四有绝种之罪，五有亡体从诚。唯学不孝，何故言哉！诫令不跪父母，便竟从之；儿先作沙弥，其母后作阿尼，则跪其儿；不礼之教，中国绝之，何可得从！

很明显，在南方反佛士大夫看来，佛教在小的层次上，既害人又破家，在大的方面上，还能灭国，"五灾五逆"的危害都不及佛教的杀伤力大。不过这种"三破"的危害，是因为佛教与中国传统学术所维护的现存秩序不相符合而产生的冲突。《三破论》作者就是站在儒道的立场，对外来佛教所施用的排外观念。此外，与《三破论》一样，影响深远的还有顾欢的

《夷夏论》。

北方政权作为少数民族统治的代言人，当然不能容忍南方士大夫对他们统治的合理性"大放厥词"，于是以打破夷夏的界限来立论，极力辩解，以证明少数民族统治的合理性。于是才会大量出现一些抨击《夷夏论》的文章，例如：谢镇之的《与顾道士书》《重与顾道士书》，朱昭之的《难顾道士〈夷夏论〉》以及释慧通《驳顾道士〈夷夏论〉》等等。

由于少数民族统治同"夷夏之防"捆绑在一起，所以同为"夷夏之防"所排斥的佛教更容易受到北方少数民族政权的青睐。随后，佛教实力的不断膨胀（最为明显的是佛教庄园经济）必然致使教权与王权出现抵触，这以北方为甚。由于南方汉族政权的统治思想中不只有佛教，还存在儒道两派的思想因素，因此南方佛教的势力没有北方猖獗。所以，当南方出现名理论战，用学派之争来表现统治思想内部矛盾之时，在北方出现的只能是统治者发起的政治打击，出现这一原始又暴力的斗争方式实在是因为没有其他学派能同佛教相抗衡。这才出现了北魏太武帝和北周武帝的两次灭佛事件。然而，正如我们前文所说，这两次灭佛事件事实上并没有对佛教的长远发展造成阻碍。

三、神灭论与道家思想

儒道合流排斥佛教的这一种思想潮流的形成，是由当时的社会环境因素推动的，更深层的，还是因为道家和儒家的理论基础本就与佛教理论相对立。儒家名教抵触佛教自不待说，道家又是怎样在理论基础上与佛教对立的？范缜就是我们理解道家团结儒家反佛的一个典型人物。

　　上文已述，在范缜的思想中明显地含有道家思想的成分。不仅如此，范氏家族世代都信奉天师道，道教思想也是范氏家学的重要组成部分。范缜本人也受到了家族的影响，从小就开始研习道家思想。范缜还被一些学者认作是为了保持家传的道法而排斥佛教的显著例子。但是，这并不代表范缜反佛完全就是站在道家的立场，不然，就真的是忽略了范缜还拥有儒生的身份了。但是，范缜能够从道家学说中汲取朴素的唯物主义观点来反对佛教，这一点确定无疑。除此以外，较少为人所知的是，被后世首推的隐士之祖师陶渊明也具有浓厚的道家思想。生活在东晋末年到刘宋这一混乱时代的他，因为不满现实社会，而接受道家回归自然的思想，归隐田园。陶渊明把自己的人生理想超脱于现实之外，"越名教而任自然"，虚构出了一个没有剥削、人人平等、和谐美好的小社会——桃花源。其实，陶渊明也是一位神灭论者。他糅合儒、道，以道家的自然论为武器，不仅反对佛教，还同道教神学相对立，批判佛教神不灭论以及道家的神仙学说。更早的还有东汉时期著名的无神论思想家王充，王充明确表明自己属于道家，他认为天地万物都是由"元气"构成的，还利用了道家唯物主义思想，针对当时图谶泛滥的社会风气，批判了灵魂不灭的观点。

　　这就给我们提出了一个问题，道家思想何以能在无神论思想家身上发出如此耀眼的光芒？道家思想甚至都是无神论思想家在讨伐灵魂不灭思想时，手中握着的利器。为了解决这个问题，我们还得从道家思想所具有的特点来看。

　　道家的历史可以追溯到春秋时期的大思想家老子，他被奉为道家创始人，之后道家经过庄子的发展，成为学派，在百家争鸣的时代，成功跻身"九流"（分别是儒家、道家、阴阳家、法家、名家、墨家、纵横家、杂家、农家）之一。到了战国末年至秦汉之间，道家又演变为黄老之学。

道家学术是以"道"为核心，认为"道"是世界的本原，"道"也是道家追求的终极目标。所谓"道生一，一生二，二生三，三生万物"，道是超时空的，是宇宙万物的根源，不可名状，但却又是万事万物存在和变幻的基本准则和最终依据。"道"是什么呢？道家所说的"道"就是自然，自然无为而无不为，这是道家一直推崇的。老子认为"道法自然"，也就是说万事万物的运行法则都要遵守自然规律。道家的宇宙观很明确，整个宇宙就是一个相互联系、相互协调的自然统一体，它具有生生不息的生命力，能创造出无穷无尽的万事万物，彼此之间又相因、相克、相化。很明显，道家具有的是唯物主义的自然天道观，是无神论的理论。

道家的唯物思想还体现在道家认为世间万物都是由"气"构成的，人作为自然的一员当然也不例外，正所谓"人之生，气之聚；聚则为生，散则为死"。而人形体的存灭决定了精神的存灭，形体与精神互为依存，互相制约，即"形恃神以立，神须形以存"。所以，道家认为要长生就要保持构成身体的气，以达到"形神不离"，要实现"形神不离"，就要避免形体衰竭，这就是陶弘景所说的："生者神之本，形者神之具。神大用则竭，形大劳则毙。"他在《抱朴子》中也有言："一身劳则神散，气竭则命终。"可见，道家认为形神是一体的，形尽则神灭。这与佛教所持的形神能够分离，且精神能脱离形体而独立存在的观点是针锋相对的。也就是因为这个原因，道家唯物主义的形神观就成了当时反佛士人反对佛教唯心主义神不灭论

110

思想的理论基础。

也正是因为形神观的不同，道家的人生追求也不同于佛教。佛教看重的是来生，并且认为人的生命是充满苦难的，所以佛教主张忍受现世的痛苦，寄希望于后世的轮回。相较而言，认为人只有一生的道家则乐观得多，他们重生、乐生、养生，听任自然的同时又注入一些积极努力的因素，追求的是"长生久视"的现世生活。这也使得道家同佛教的"轮回转世"之说对立了起来。

道家无神论的思想要成为后世思想家用来反对唯心主义神不灭论的重要武器，除了上述必备的理论特点以外，还需要解决一个问题，那就是怎样将这个武器传递到这些进步思想家的手中。要解决这个问题，就要求道家的发展史不曾有过中断。

道家的历史避不开汉初实行了六七十年的无为政治。秦王朝的灭亡同时带走了法家短暂的辉煌，汉朝的创建者们又大都出身低微，并未学习过儒家文化。秦末的一系列争霸战争对社会的严重破坏，又使得恢复生产力成为新建国家的当务之急。与此同时，统治阶级内部又在密谋一些剪除异姓诸侯王的政治风暴。在那样的一个时代，黄老之学所提倡的这种适合弱者的政治哲学刚好符合当权者无力的现状，缺乏对手的黄老学派，由此获得了第一个发展的黄金时机。事实证明，无为政治的确能挽救凋零破败的社会经济，到汉文帝、景帝时，汉朝就进入了中国历史上的第一个盛世时期。在此期间，黄老之术功不可没。正是因为这个原因，汉初的政治完全为黄老之术所代表的道家所笼罩，它凌驾于一切学派之上，道家也就在这个时候发展了一大批受众，其中就包括太史公司马谈、司马迁父子。

汉武帝时，由于国家的富强，政治思想由"无为"逐步转向"有为"。雄心勃勃的汉武帝接受了董仲舒的建议,"罢黜百家,独尊儒术",用吸收了神学和法家思想的儒学代替"垂衣拱手,无为而治"的道家政治哲学。但是,儒家地位被强行抬高并不意味着道家就此衰落,道家在汉初开始发展起来的受众依然保持着相当的规模。司马迁在《史记》一书中就对汉武帝推崇儒术、不重视道家的政治举措进行了无情的责备,并为道家辩护。司马迁以及东汉的王充就是汉武帝"罢黜百家,独尊儒术"之后依然兴盛不减昔日的道家思想的传人。

在儒家吸收神学思想,为汉朝的神权政治辩护之际,屈尊第二的道家也在图谶泛滥的大环境之下,吸收了一些原始的宗教巫术和神仙方术,最终形成了中国本土的第一宗教——道教。

东汉时期的政治发生了一系列严重的事件,宣告了儒家神权政治哲学的破产,掀起了道家思想的又一次风潮。公元184年爆发的黄巾起义以及随后战乱不断的社会状态和尖锐的权力斗争,使儒家所维护的名教无法维持,由此拉低了儒学,再一次抬高了属于弱者哲学的道家思想,促进了儒家和道家的冲突,也造就了他们真正的融合,最终在三国后期形成了对佛教影响极深的盛极一时的显学——玄学。

玄学是魏晋时期用老庄思想糅合儒家经义的一种哲学思潮。所谓"玄"就是高深莫测,玄学也就是探讨有深度的问题的学问。玄学的研究对象是《老子》《庄子》和《易经》,称为"三玄"。玄学是继先秦诸子、两汉经学之后的又一哲学思潮,是由汉代的道家思想与黄老之学发展而来,脱胎于东汉末年的清议和汉末魏初的清谈。清议是东汉末年品评人物、议论朝政的一种方式。一些不满于朝政昏暗的士人们通过清议表达自己对现实的不满，遭到了反对势力的残酷镇压，使得清议逐渐退出历史舞台。魏晋时期，朝政混乱，社会危机加深，由于一些士大夫对残酷的现实极为不满，但自知于乱世中已无力回天，所以只能通过自己编制的一套理论来寻求心理上的安慰，代清议而起的清谈由此出现了。清谈是当时士人推崇的行为方式，以老庄、自然、名教作为讨论的主要内容。在士人清谈的过程中，玄学便应运而生。玄学上承汉代道家的自然无为，主要探讨自然和名教的关系。魏晋玄学的发展经历了正始时期、竹林时期、元康时期以及东晋时期等几个发展阶段，主要代表人物有何晏、王弼、嵇康、阮籍、郭象、裴頠、张湛等。

当时反佛的学者，在世界观上虽然以唯物主义与佛家的唯心主义相对立，但是在方法论上却明显落后于佛教的学者。到了范缜时，才吸收了世家大族的名理教养，将本来被宗教家与玄学家所玩弄的方法，转化为反佛的斗争武器。正是由于范缜完成了名理教养同唯物主义世界观的综合与发展，他才会推动反佛斗争迈进了新的阶段，为神灭论思想作出了新贡献。

范缜的"形质神用"观点就受到了当时流行的玄学影响。"质"就是本体，而"用"就是效用。那么什么是"本体"呢？简单地说，本体就是现实的来源，它产生宇宙万物，变革万物，并不断维系它们使之完整，作为宇宙的终极现实而呈现自身。从这样看来，道家认为的本体就是"道"。而关于"用"的这个概念，老子在《道德经》中说："三十辐共一毂，当其无，有车之用。埏埴以为器，当其无，有器之用。凿户牖以为室，当其无，有室之用。故有之以为利，无之以为用。"就是说三十根车辐汇集在车毂里，正是因为车毂中间的空洞，车才能产生乘坐的效用；制造陶器正是有了器皿中间空虚的部分，陶器才能拥有了盛物的效用；开凿门窗建造房子，也是因为门窗和房屋四壁之内是空的，我们才能利用它的"无"用来居住。老子在这里主要是强调"无"的重要性，他认为事物之所以对人有利，是因为"无"在发挥作用。但是也提出了对后世有深远影响的"用"的概念。

三国曹魏时期的玄学家王弼发展了道家的"体"和"用"，初步形成了"体用"思维方式，并自觉地运用"体用"观点分析问题。他在《老子注》四十章中说："天下之物，皆以有为生，有之所始，以无为本。"这里的"无"就是道家所说的无形无名的本体。这个观点上承老庄。除了这种抽象意义上的无形之"体"，在王弼看来，还有实际的、具体的有形之"体"，就如范缜后来辩证的形体之"体"。体以无形和有形两种方式存在。"有"依据"无"而生，"无"是一切"有"之本，所以世间万物都是由有形之体和无形之体两部分组成的。在此"体"的基础上，王弼引出"体用"这一对哲学范畴，指的是物的实体和功能。他认为："万物虽贵，以无为用，不能舍无以为体也。"这已经表现出了"体用合一"的思想。他继续《道德经》中的观点："毂所以能统三十辐者，无也。以其无能受物之故，故能以寡统众也。木、埴、壁所以成三者，而皆以无为用也。言无者，有之所以为利，皆赖无以为用也。"王弼在这里仍然在强调"无"的作用，与老子的思想相去不远，而实际上已经包含了以"无"为"体"的"体用合一"的见解。王弼没有专篇系统地对"体""用"作论述，但是在注释儒、道经典时，抽绎出和"体用"相对应的一系列范畴，将玄学的本体论从个别上升到一般，从具体上升到抽象，这是中国古代哲学的进步。而他的"体用"哲学范畴，以及"体用合一"的观点又为南朝熟悉道家思想的范缜所借用,成为范缜"形质神用"无神论命题强有力的哲学支撑,推动传统的、有欠缺的"薪火"物物之喻形神观发展到了一个新的高度,这是范缜无懈可击的理论的思想来源。

道家学说中的唯物主义哲学奠定了范缜唯物主义思想的哲学根基,是范缜"形神相即"不朽命题提出的基础。到了魏晋时期,玄学高度发达的哲学理论水平赋予了范缜哲学思辨的能力,正是在这样的条件下,他才有可能提出并论证了"形神相即""形质神用"的哲学命题。可以说,道家学说是范缜神灭论思想的理论框架。

几百年以来,生命力旺盛的道家学说从立说建派到范缜生活的南朝的齐、梁之际,一直都在中国知识库中占有相当大的份额,在知识分子中保持着相当大的号召力和影响力,拥有相当大规模的追随者,特别是到了魏晋,玄学受到极大的吹捧,所有的这些历史机遇造就了范缜一类的无神论思想家利用道家思想反击有神论的可能性。所以这几百年以来,拥有上述有利的历史条件的无神论者,大都是接受了道家唯物主义思想的儒家,诸如东汉的桓谭、王充和西晋的傅玄,当然在这方面做得最好的还是范缜。

范缜这一时代的弄潮儿,融合儒道思想,书写《神灭论》,"辩摧众口,日服千人",这一反佛形象的成功塑造,成了儒道两派强强联手,反对佛教的大规模、长时间的理论斗争的导火线。

儒道联手反佛由来已久,汉朝时的王充就是个儒道兼修反对灵魂不灭思想的成功例子,但如若范缜之前的理论斗争算是山雨欲来前的风满楼的话,那么范缜所引发的,从梁武帝纠集六十多名高官显贵和名僧的神不灭集团著论立说（507），直到隋朝建立（581）这几十年的儒道斗佛大辩论，就是对这一现象的颠覆，将其完全转变成了一场风暴。这场风暴并没有局限在南方，而是将南方的无神论思想，尤其是范缜的思想刮去了北方，北方原本没有的无神论思想在这时也开始相继出现。这一时期反佛思想中有代表性的是陈朝朱世卿的法性自然论，以及北朝樊逊的《天保五年举秀才对策》和邢邵的神灭论。可惜的是，他们的理论水平都没有超过范缜。在这场风暴里，还发生了北周武帝灭佛的大事件，虽然这次灭佛行动所持续的时间比太武帝所发动的那次时间要短几年，但是灭佛政策还是很彻底，成果也显著，到了隋朝初年，隋文帝还特意下诏恢复这次事件中毁掉的寺院，就是明证。这场风暴的意义远不仅此，更重要的是，它把儒、道、释三教卷在了一起。双方三派的互相诘难帮助了各派认识到自己的不足，他们相互吸收、相互促进，终于使得开始于汉朝的"三教合一"的过程有了实质性的进展。

天监十四年（515），范缜病逝，但是他并没有带走神灭论思想的火种。其子范胥就是他的思想传人之一，后世的传人则更多，他们不仅分布在大江南北，还让无神论思想的种子世代传承了下来。

第 8 章

后世神灭论思想的发展

神灭论与神不灭论的两不相容，是一个长期存在的历史话题。自然，在范缜之后，也会继续存在。后辈神灭论思想家从未放弃过同神不灭论者的对抗斗争，不过也没再出现过范缜时代的神灭与否大论战，直到传统社会的末期，无神论思想除了局部上有所突破和提高外，再也没出现过在"形神"问题的总体水平上高于范缜《神灭论》的理论水平。这虽然可以表现范缜的理论水平之高，无人能及，但是历史毕竟是进步的，神灭论思想的长期沉寂与萧条，必然是因为遇到了能够消磨无神论思想发展历史驱动力的阻力。这种阻力到底又是什么情况造成的呢？我们把范缜之后的传统社会分为无神论理论在天人关系方面出现了新贡献的隋唐时期、无神论继续发展的宋元明时期以及古代无神论思想高峰的明末至鸦片战争时期，分别从社会背景和无神论思想成就来进行简单的叙述。

一、隋唐的沉寂

公元 581 年，北周外戚杨坚篡夺了周静帝的皇位，建立了隋朝（581~618）。然而，满心期待的万代江山，却毁于不孝子隋炀帝杨广之手，隋朝于是成了继秦朝、西晋之后的又一个大一统的短命王朝，仅仅存在了三十七年。随后的唐王朝（618~907）基本上承袭了隋朝的统治体系，却统治了近三百年之久。隋唐两代都继承了北魏、北齐、梁、陈和西魏、北周的政治遗产，同样的，也继承了南北朝时期迷信宗教的特点。唐代的统治者就明确把宗教神学作为统治思想的工具。这一时期的宗教，以佛教和道教为主。

隋文帝杨坚为隋唐时期佛教的繁荣开了个好头。杨坚出生于尼姑庵，并一直由尼姑抚养到十三岁，因此从小就深受佛教的熏陶和浸染。隋文帝一登基便答应了僧人的请求，诏告天下，全面否定北周武帝灭佛的成果，表示要重建北周废弃的寺庙，听任百姓出家，还允许百姓出钱修建佛像，并表明了自己"皈依三宝，重兴圣教，思与四海之内一切之民，俱发菩提，共修福业"的态度。当然，隋文帝的崇佛行为与南北统一战争之后需要缓和南北矛盾的历史背景也有关系。同样的道理，开皇十一年（589），天台宗名僧智颛为当时还是晋王的杨广受菩萨戒的这个历史事件，不仅表明了隋炀帝也信佛，还表现了新政权与佛教之间的相互笼络和感情交流。所以，佛教作为兴国的思想武器，巩固了魏晋南北朝时期的发展成果。而同一时期，同样作为宗教的道教就没那么走运了。道士张宾曾经为隋文帝的上台制造了舆论，因此受到了文帝的宠信。隋炀帝为了长生不老，也宠信过道士，但是隋朝对道教的扶持从来没有超过佛教。

到了唐朝，由于唐朝的皇帝是李姓，出于神化自己家系渊源，标榜家门身份，为维护李姓江山社稷的需要，圣人老子

（姓李名耳）就被抬了出来。唐高祖李渊下诏："老教孔教，此土元基，释教后兴，宜崇客礼。今可老先，次孔，末后释宗。"将道教排在了第一，儒家排在了第二，佛教归到了第三位。所以初唐时期，颇为重视道教，道家《道德经》还一度成为科举考试的科目。但是这并不代表佛教的地位在唐朝开始下滑了。唐太宗就曾经肯定过佛教在教化方面对于国家的重要作用。特别是武则天"以周代唐"，为了在思想方面利用佛教与李唐提倡的道教相抗衡，在她的推动下，出现了"进佛推道"的思想风向。虽然唐朝也发生了唐武宗时期灭佛事件，但是也有七次迎佛骨的壮举，分别在太宗朝、高宗朝、武则天朝、肃宗朝、德宗朝、宪宗朝、懿宗朝，足以证明佛教在唐代受到的重视程度，并且这种状态还一直保持到了五代时期。

隋唐时期还发生了我国政治制度史和思想文化史上的大事——科举制度的创立和发展。

佛道二教的作用是以出世的态度干预世事，给信众的是一种精神满足，由此来维护国家政权的稳定。但是对一个政权来说，管理机构要协调地运行，就需要一定的官僚队伍和足量的后备智力库来加以保证，这就需要用儒家思想来培养。从隋朝开始的科举考试，是中国古代政府选拔人才的有效手段，至今，这一制度的变体还在影响着世界各国的政治，如我国的公务员考试、事业单位公开招聘考试、西方国家的文官制度等等。科举考试始终都是以儒学为主，这就从制度上保持了儒学的优异地位。此外，李唐对道教的偏爱也让道学跻身进来，列入官学。佛教虽然没有被列入官学，但是由于在魏晋时期就已经发展了起来，到了唐朝，依旧走得顺风顺水，得到了统治阶级的重视。此外，这时的佛教庄园经济蓬勃发展了起来，甚至可以与皇家为代表的地主庄园经济并行，强大的寺院经济支撑着的就是强大的社会地位。

隋唐也有无神论思想出现，这是历史的必然。隋唐时期无神论的发展，主要表现为傅奕的反佛思想，吕才的反迷信思想，柳宗元、刘禹锡反对有意志的"天"的唯物论思想。但是总的来说，无神论对有神论的批判力度不够，缺乏必要的理论深度，无神论水平甚至退回到了两汉时期的水平，形神观更是隐匿了起来。

傅奕是隋唐之际的道家科学家，通晓历法，也是一位坚定的无神论者，为了揭露佛教的虚妄本性，他还收集了魏晋以来的反佛言论，汇成《高识篇》一书，共十卷，可惜都没有保存下来。唐武德七年（625），傅奕就上书高祖李渊，请除释教。他的思想主要表现为：

佛教使人不忠不孝，不拜君亲，削发、易服，是破坏中国伦理的名教。

佛教徒游手好闲，逃避租赋，破坏国家财政。应该使和尚、尼姑匹配，那么就不缺粮食、不差兵源了，还能增加国家财政收入，这对国家有益无害。

佛教教义荒谬、虚伪。佛教利用信众过去所犯的错误必然招致的"报应"和虚构世界恐吓愚民；通过布施、持斋的方式攫取钱财和粮食；给百姓许下空头支票，使百姓不怕科禁，轻易犯法，破坏君主刑罚之权，威胁人君的地位。

佛教害政毁国。中国没有佛教的时候，君明臣直，国家也能统治很长的时间；佛教传入中国之后，就害得五胡乱华，主庸臣佞，政刑苛刻，国家命短。梁武帝崇佛亡国就是前车之鉴。

傅奕还表示，佛教的势力很大，即便反佛言论会给自己招来杀身之祸，他也坚持反佛的真埋。傅奕措辞很激进，但是他的思想并没有脱离《夷夏论》和《三破论》的藩篱，并没有出现义理之辨，也看不到形神之辨思想的萌芽。

唐高祖让群官详议傅奕的言论，大家都表示了否定，只有太仆卿张道源一人赞同傅奕的观点。中书令萧瑀还同傅奕争论，说："佛是圣人。傅奕作这种反佛言论是非议圣人，无视法纪，请求皇上判他严刑。"傅奕则回应道："礼制要求人以事亲为本，侍奉君上为最高目的，这才是忠孝之理最根本的地方，也是作为臣子最应该做的。但是佛祖逃背父亲的意愿，翻墙出家，以平民的身份来对抗天子权威。萧瑀你也是父母所生，居然遵奉这种无父之教。我听说不孝顺的人会无视自己的亲人，说的就是你这样的人！"萧瑀不知道如何回答，只是合掌说了句："地狱就是为傅奕这种人设置的。"高祖将要听从傅奕的进言，恰逢传位给太宗，于是这事就搁置了。

太宗李世民即位后询问傅奕为何不信佛，傅奕向太宗揭露佛教狡黠的本性，认为佛教先是欺骗西域夷狄，慢慢又流向中国。佛教对百姓无益，却对国家有害。正是因为傅奕在武德年间的上奏，以及这次对话，促成了太宗在贞观九年的反佛政策。

吕才与傅奕一样，同为唐初之人。吕才既精通音律、北周象戏，还能刊正阴阳书，是一位通才式的人物，同时他也是唐初最大的无神论者。他的无神论思想主要集中体现在他对风水、禄命、墓葬之类迷信的批判。

他在《叙宅经》中说："至于近代，师巫更加五姓之说……天下万物，悉陪属之，行事吉凶，依此为法……唯《堪舆经》，黄帝对于天老，乃有五姓之言。且黄帝之时，不过姬、姜数姓，暨于后代，赐族者多……因邑因官，分枝布叶，未知此等诸姓，是谁配属？又检《春秋》，以陈、卫及秦为水姓，齐、郑及宋皆为火姓，或承所出之祖，或系所属之星，或取所居之地，亦非宫、商、角、徵，共相管摄。此则事不稽古，义理乖僻者也。"吕才直接推翻的是阴阳家五德之说的迷信。由于"五德终始观"在朝代交替时，一直被用来证明新政权代替旧政权的合理性，所以吕才在这里也间接地否定了"君权神授"的观念。有阴阳家身份的吕才能具备这样的思想，是有一定进步意义的。

吕才在《叙禄命》一文中，继范缜用偶然论否定因果报应论之后，也否认了"禄命天定"的命定论，在无神论史上具有一定的地位。遗憾的是，他却又陷入了"皇天无亲，常与善人，祸福之应，其犹影响"的报应论的泥沼之中。

吕才的思想虽然达到了无神论的高度，但是他跟佛教发生的唯一一次冲突（和唐代名僧玄奘有过一次大辩论），也是因为"因明理论"（古印度的逻辑学），而不是神灭与否的话题，他没有对佛教有神论思想进行批判。

柳宗元和刘禹锡是中唐时期的政治革新家，同时也都是无神论者。两人思想的进步性不仅表现在政治上，还表现在他们的无神论思想上，并且这两方面是相互交织的。刘禹锡的代表作为《天论》五篇，而柳宗元的著作有《天说》和《答刘禹锡天论说》等。他们的进步思想表现在：

首先，天是自然的天，没有赏罚的意志，这是唯物主义的思想。正如《天说》所说："天地大果蓏也，元气大痈痔也，阴阳大草木也，其乌能赏功而罚祸乎？功者自功，祸者自祸，欲望其赏罚者大谬，呼而怨，欲望其哀且仁者愈大谬矣……乌置存亡得丧于果蓏痈痔草木耶?"这句话表明，天地都只是一种自然存在，人的福祸都是自己招致的，和天是没有关系的。向天求福，怨天降祸都是荒谬的、愚蠢的。这就否定了客观唯心主义，也否定了宗教有神论思想的基础，证明了柳、刘二人的无神论立场。

其次，作为自然范畴的天和有意志的人，各自拥有自己的发展轨迹。柳宗元和刘禹锡在这点上出现了一点分歧。柳宗元认为天和人"各行不相干预"。而刘禹锡则在柳宗元的基础上进了一步，认为宇宙的发展遵循宇宙本身的自然规律，人事活动相当程度上也是人遵循自己的规则，但是，天和人之间是"交相胜""还相用"的关系，也就是说天和人是相互取胜，相互利用的。对于人来说，需要顺从自然发展的客观规律才能获得成功，不然，就会破坏事物的发展过程。刘禹锡在这里，已经包含了后世"人定胜天"的道理。

再次，对占代神话和迷信思想都进行了批判。他们指出董仲舒对三代受命之符的阴阳迷信之说是完全错误的，"唐家正德受命于生人之意"，认为李唐之所以能得天下是因为得民心。这与唐太宗所说的"舟所以比人君，水所以比黎庶，水能载舟，亦能覆舟"同出一辙。既然政治是由"生人之意"来决定的，那么当现实的政治需要改革的时候，就可以按照"生人"的需要来进行，在这里，他们的无神论思想与政治思想是一致的。

柳、刘二人的政治思想属于法家，宇宙观则上承荀子和王充。这种思想体系出现在佛道宗教迷信支配大众精神的时代，实属难得。然而，这两人在政治运动失败之后，都情绪低迷，

123

转而向佛，不仅违背了自己唯物主义的立场，还写下了许多赞美佛教的诗歌，实为可惜。

唐朝反佛的无神论思想相较南北朝而言，是退后了的。证据在于傅奕虽然反对有神论的代表——佛教，但是他的无神论思想却缺乏理论深度，也没有包含缜密的形神之辨；吕才有无神论思想，但是他又没坚持住自己的立场，作出了让步；柳宗元和刘禹锡思想有先进的成分，但他们又与宗教没有划清界限，甚至还跃出了唯物主义的范围，转而向佛。

那么，是什么因素阻碍了神灭论思想在唐朝这个开放的时代滞后了呢？

佛教在经过魏晋南北朝的发展阶段之后，由于自身的宗教本质有益于皇权政治，以及同中国传统思想的双向交流、不断融合的成就，随着专制王权大一统帝国的重新出现，构成了中国古代文化的一个重要的有机部分。由此，佛教不仅保证了它与儒、道三足鼎立的局面，而且在隋唐帝王的大力扶植与利用下，大有欣欣向荣之势。

可以说，"三教调和"的过程，从汉朝时期出现后，就不断地得到统治阶级有意的推动。隋朝时，隋文帝和炀帝时都举行过数次三教辩论。而这时的大家，诸如颜之推、"文中子"王通之类，都主张在以儒家为主体的情况下，"援佛道入儒"，吸收道家和佛教的思想理论，构成一个统一的思想体系，充实统治思想。唐代时，虽然三教斗争的情况还时有发生，有时甚至还很激烈，但是他们骨子里是相融合的。三教合一，经过统治者的提倡，成为这一时期的基本国策。

佛教已经成了中国传统教化的一种重要组成部分。所以当唐代的学者再次使用传统的儒家伦理纲常从文化本位的角度去抨击佛教时，理论上已经不可能驳倒佛教了。夷夏区别的问题，是儒道反佛的共同武器，但是佛教文化与中国本位文化的交融已经是不可阻挡、不可逆转的结果了。况且，唐朝是文化开放的朝代，充分做到了南朝学者萧琛所提倡的对外来文化的不排斥，唐太宗自己也说："自古皆贵中华，贱夷狄，朕独爱之如一。"以万民之君主身份自居的太宗，自然对排外的事业就不上心了。

基于上面的背景，宗教有神论思想（尤其是佛教）的发展速度是超过了无神论思想的。而无神论思想要想赶上有神论思想的发展，就需要理论变通！这在下一阶段，终于出现了。

二、宋元明的复燃

宋元明时期（960~1644），已经发展到了我国传统社会的后期。这一时期的政治特点就是中央集权不断被加强，君主权威不断被提升。

宋朝的皇帝们把历代君王对百姓的疑心病发展到了一定高度，政治军事的重心完全放到了对内的监控上，即使外部的民族战争不断，军事力量的分配也一直是"众星拱月"，环绕着北宋首都开封以及南宋首都临安。中央集权在这时也达到了有史以来的最高点，皇帝独揽大权，中央和地方的官员分配也是相互制约。经济方面，北宋统治者认为地主剥削百姓是无可厚非的，他们的所作所为不过是在为国家聚财，不必加以限制。所以，他们执行的土地政策是"不抑兼并"，这就使得大土地所有制不断发展，使得佃农的生活很难维系下去。农民起义频频爆发，例如王小波、李顺起义（993），宋江起义（1119~

1121)，方腊起义（1120~1121），南宋钟相、杨幺起义（1130~1135），等等。

中央集权的不断加强，必然就会引起统治阶级内部的腐化和溃烂，传统社会逐渐走上了下坡路。特别是宋朝，外有强寇，内有起伏不断的农民起义，在民族矛盾、阶级矛盾的刺激下，加强了的专制政治要继续维持自己的统治，就必然会在精神方面有所反映——在思想领域也出现了加强与集中的趋势。在时代的召唤下，理学与心学应运而生，成为当时占统治地位的思想，它们在维护统治权威的同时，也得到了统治阶级的支持。隋唐时期以佛学为特点的宗教化的哲学，终为宋明的思辨哲学（理学）所代替。韩愈所说的上启尧、舜、禹、汤、文、武、周、孔、孟的道统，在韩愈之后，发展为周敦颐、二程、朱熹的理学，再到南宋的陆九渊、明朝王阳明的心学，这才完成了儒、道、释三教的合流过程。神学哲学化，分别形成客观唯心主义和主观唯心主义的思辨哲学。

此外，由于宗教维护统治的本性，统治阶级也不可能放弃宗教，他们在提倡精细的理学的同时，也扶持传统的粗俗神学。并且由于道学和心学都承认有个宇宙主宰的存在，这就使得这一时期的显学与佛教有了相通的契合点。所以，虽然佛教相较上一阶段的地位有所减弱，但仍然取得了一些新的发展，依旧占据着重要的地位。特别是宋元明三代以及北方少数民族政权都分别设立了管理佛教事务的官方机构，这也反映了佛教徒的人数之众。而道教虽然失去了李唐皇族的庇护，显然在这一时期又在皇家中有了新的靠山——北宋的真宗、徽宗，南宋的理宗，明世宗，等等。其中宋徽宗时还发生过短期的崇道斥佛的政治事件。

除了佛道为代表的宗教以外，民间信仰也犹如雨后春笋，也发生了一次爆破式的发展，在比隋唐更大的范围内迅速出现，这里面夹杂着各式各样的迷信思想。

宋元明时期是我国无神论思想发展史上比较重要的一个阶段。这一时期除了思辨哲学对无神论的贡献之外，还出现了许多重要的科学发现。宋朝时，虽然阶级矛盾和民族矛盾很尖锐，但是由于国家的政治、军事和土地政策都便于内部经济的发展，所以宋朝成为我国古代史上非常重要的经济繁荣时期，科学技术的发达就发生在这样的背景之下。例如毕昇发明活字印刷术；指南针还被应用到了航海事业，南宋时又将指南针与方位盘结合，形成"罗盘"；天文学则达到了巅峰期，苏颂与韩公廉发明了水运仪象台，充当着当代小天文台的作用；火药被用来制造管状金属火枪，用火药的爆炸力发射弹丸，这就是大炮的前身……这些积极求知的科学家如同前辈科学家何承天一样，在长期的科学精神的熏陶下，坚持着唯物主义自然观，坚定地维护无神论思想。因此，这段时期有神论和无神论思想斗争的特点就表现出：有神论思想仍然依靠着宗教的发展，维持着自身存在的一席之地；而无神论思想家在继承先辈无神论者优良传统的同时，还受到时代科学和思辨哲学风气的影响，继续对有神论进行批判，完成对佛教理论的批判任务，推动着唯物主义和无神论思想的发展。更为可贵的是，由于唯心主义哲学的发达，还出现了精密的唯心主义无神论。

这一时期无神论思想最具代表性的是：张载对无神论思想的发展、二程和朱熹的唯心主义无神论思想以及元末谢应芳的无神论思想。

张载是北宋时期的哲学家和无神论思想家，是理学的创始人之一，但他的学说与程朱学派又有明显的区别。程朱认为世界的本原是"理"，张载则不然，他认为世界的本原是"气"这种物质。这是唯物主义的观点。张载就是站在这种唯物主义一元论的立场上，展开对佛道为代表的宗教有神论的批判。

张载说："虚空即气""太虚无形，气之本体"，"太虚不能无气，气不能不聚而为万物，万物不能不散而为太虚"。前面所说的"虚空"是指气凝聚而成的未来状态，而"太虚"则是气的存在形式。气聚合形成了世间万物，而当万物消散，退散为气，又成为太虚。他认为一气而生万殊，清者上升为天，浊者下降为地，千差万别的具体事物包括人在内，都是气聚而成。生为气聚，消亡仍散归为气，本原的气是不生不灭的。当气聚合形成物体时，就是有形的，人就能感觉到；当气没有聚合形成物体时，或者聚合为物之后又散归为气时，就是无形的，人就不能直观感觉到。有形与无形，都是以气为本原，都是气的表现形式。正所谓"凡象，皆气也。"就这样，张载用气的本原和存在形式表现了物质世界的唯物主义一元性和多样性。

张载唯物主义一元论的立场，就同佛教唯心主义的"一切皆空"的根本观点对立了起来。他批判佛教不了解自然发展规律并虚构物质世界起源于心的错误观点。他指出："释氏不知天命，而以心法起灭天地，以小缘大，以末缘本，其不能穷而谓之幻妄，真所谓疑冰者欤！"认为佛教以心为世界的本原是因为不懂得气生万物的大道理，才会执着于非根本的人心的谬论。张载还嘲笑佛教徒都是一群没有见过冬日之冰就怀疑冰存在的浅陋无知的夏天的虫子。正是有着唯物主义的立场，他还反对佛教的灵魂不灭和轮回转世的观点。"今浮屠极论要归，必谓死生转流，非得道不免，谓之悟道，可乎？"认为佛教持生死轮回的观点，是因为它本身并没有感悟到世界本原是"气"的这种"道"，才会犯下这样的错误。只有把生死看作气的聚散，才能算是体悟到了"道"。他还批判道教徒追求长生不老，是因为他们不明白构成世间万物的"气"最终都逃脱不了"散归太虚"的命运。同样的道理，张载也批判民间宗教迷信。这体现的是张载无神论者身份的归属，以及无神论思想的立场。

继儒家以本位文化粗糙浅显地抨击有神论的佛教之后，张载在无神论的发展史上再次引入了"气"的唯物论，重拾范缜无神论的成就，将无神论对佛教迷信的批判推进到了迷信基础的地步，成为第一个深入批判宗教迷信基础的无神论者。

程颐和程颢是与张载同时代的两兄弟，他们的思想主张几乎一致，也都是理学的创始人。不过他们二人是隶属于唯心派的。朱熹是南宋人，他继承了二程的理学思想，完成了理气一元论的思想体系，是理学的集大成者。他们这派创建的理学在宋朝时就是显学，到了元朝更是被列为官学，对后世学人的思想影响极深，这一派也有了一个响当当的名字——"程朱理学"。

无神论思想家往往是唯物主义者，但是这并不代表无神论就只能与唯物主义一一对应。程朱理学是建立在唯心主义基础上的庞大且精细的哲学体系，但是其中包含着精辟的无神论观点，是唯心派无神论思想集大成的代表。

二程和朱熹早年都学过佛道，但是他们都对佛道理论作出了取舍，从中汲取有益成分，最终又回归于儒家学术，所以他们更能深层次地批判佛道。

程朱的学术是承认世界的本原和主宰是"理"（朱熹称之为"太极"）的基础上，认为世间万物和人都是由"理与气合"所形成的，而气的聚散就会造成世间万物的变化。对于人来说，气的聚与散就表现为人的生与死，这是一种自然而然的过程。

程朱否认灵魂不灭，否认转世再生。这就是二程所说的："魂谓精魂，其死也，魂气归于天，消散之意。"魂就是精神，人死之后，魂气就归于天，归于天就是消散了。如此，自然就没有了灵魂不灭的现象。朱熹说得更明白："人只是许多气，须有个尽时。尽则魂气归于天，形魄归于地而死矣。人将死时，热气上出，所谓魂升也，下体渐冷，所谓魂降也。"人是由气构成的，必然会有个尽头。当人死之时，他的魂气就消散于天，形体就表现为死亡。人将死之际，体力的热"气"就抽离身体，往天上消散，这就是"魂升"，在地上的身体就会越来越冷，这就是"魂降"。"气"都消散了，当然就没有灵魂不灭的存在，也不可能转世再生了，这就否认了神不灭论。

在"气"的基础上，程朱还提出了自己的形神观。形与神谁先谁后，往往会导致两种不同的结论。持形先神后的人，往往就是承认神灭论的人。而认为神先形后的人，往往就会认为精神可以离开形体继续存在，就会沦为神不灭论者。程颐就否认形神分离，认为二者"元不分离"，朱熹则说得更明白："人生初间，是先有气，既成形，是魄在先。形既生矣，神发知矣。既有形，后方有精神知觉。"明确表示形体先于精神存在，形体决定精神的观点，并说："譬如这烛火是因得这脂膏，便有许多火焰。"

既然形体决定精神存在，形体灭亡之际，精神也消亡了，那又何来鬼神之说？所以程颢在回答鬼神存在与否的问题时，说："待说与贤道没有时，古人却因甚如此道？待说与贤道有时，又却恐贤问某寻。"程颢在这里用的是儒家"子不语怪力乱神"模糊对待鬼神问题的态度，但是仍然是倾向于无鬼神的。他怕对方因为自己回答了有鬼神存在，而问他该去何处寻鬼神，因为他自己知道世上并没有鬼神。程颐在这个问题上，表现得比程颢明晰得多，当有人问程颐同样的问题时，"先生（程颐）云：'君曾亲见邪？'伊川（程颐）以为若是人传，必不足信；若是亲见，容是眼病。"

二程还批判因果报应论，认为现实生活中发生的好与不好的事情，只是"幸与不幸"的区别，跟因果报应是挂不上钩的。对于轮回则说："为轮回生死，却为释氏之辞善遁，才穷著他，便道我不为这个，到了写在册子上，怎生遁得？且指他浅近处，只烧一文香，便道我有无穷福利；怀却这个心，怎生事神明？"认为生死轮回之说是佛教的遁词，是为了敛财虚构的欺骗工具罢了，完全不可信。

程颐对道教的神仙迷信，他说："若说白日飞升之类则无，若言居山林间，保形炼气以延年益寿则有之。"朱熹也有言："气久必散。人说神仙，一代说一项，汉世说甚安期生，至唐以来则不见说了；又说钟离权、吕洞宾，而今又不见说了。看得来他也只是养得分外寿考。然终久亦散了。"

程朱身处在思辨哲学发达的宋朝，他们又亲自建立了精细的哲学体系，能够很好地解释了形神、生死的现象，对灵魂不灭、轮回的谬论都进行精辟合理的批判，对后世无神论思想的发展影响巨大，这一切的成果因他们身处于唯心主义阵营而更显难得。

谢应芳是元末明初重要的无神论学者。《明史》记载他"疾异端惑世，尝辑圣贤格言、古今明鉴为《辨惑编》"，可见他对迷信思想泛滥的愤慨。

　　他在这本无神论的重要著作《辨惑编》中说："死生亦大矣，非原始要终，以知其说者，往往贪生畏死，而为异端邪说之所惑。"人们就是因为贪生畏死，不敢正视生死这种自然现象，才会被异端邪说所欺骗，这是迷信思想泛滥的原因。他说："人之死生命于初，其有疾疢，由于气之乖戾，犹阴阳戾而两间之灾咎见焉。苟以人之有疾祸由鬼神，则两间之灾咎又孰祸？夫天耶，理固灼然，人莫之信。如应芳者，赖以经训之力，颇明是理，不为巫祝所惑。"他继承前人的观点，把人的生命解释为"气"的汇聚，认为人有生病这样的情况是因为身体里的"气"的不调和，这是他解释人生病的原因。为了增加自己学说的可信度，他还举了自己的例子，表明自己就不怕什么鬼神以及巫祝一类的邪术。为了表现自己的无神论立场，他反对祭祖一类的迷信行为，甚至一把火烧了自己祖宗的神像。要做出这种反抗礼教的举动，在当时固化的礼教社会是需要相当大的勇气的。但是谢应芳并不是要同整个传统礼教对立起来，他只是针对儒家文化中的有神论部分。

　　因为不信鬼神，所以谢应芳反对丧葬时的各种迷信行为。他说："其一，铺张祭仪，务为观美，甚者破家荡产，以侈声乐器玩之盛，视其亲之棺椁衣衾反若余事也；其二，广集浮屠，大作佛事，甚者经旬逾月以极，斋羞布施之盛，顾其身之衰麻哭踊反若虚文也。"元朝统一中原之后，蒙古族原有的民族风俗对汉人也有所影响。蒙古族在亲友去世时"作乐娱尸"，毫无哀戚之容，也被不少汉人给学了过来，这让明朝开国皇帝朱元璋很是愤怒，决心要强制扭转这一不合礼俗的行为。谢应芳的第一个观点，显然与以儒家正统礼制捍卫者自居的洪武皇帝是一致的。这也表明了谢应芳的儒家学派立场。在第二点上，谢应芳明显表示了自己对愚昧之人大作佛事之类行为的无奈。他还说："愚意不若以三日醮筵（道教祭祀的坛场）之费，赈一乡人户之饥。"可见，他对佛道迷信的斥责，已经表现得很明显。

谢应芳笃信理学思想，与程朱一样，都是用唯心论的立场来抨击有神论，不过他的理论水平是不及程朱的。但是作为无神论的实践者，由于他实践反佛很彻底，以及《辨惑编》这一小册子流传甚广，谢应芳的无神论思想影响了很多明代的学者。

三、1840 年前的勃发

1644 年，满族完成了对中原的征服，成为中国历史上的最后一个王朝。但是这个比汉族稍欠发达的民族，在中原的统治却是以残暴的民族压迫开始的，明朝原有的内部矛盾全然压在了新兴王朝的肩上，还被激烈的民族矛盾所掩盖着。

统治阶级为了维护其统治，采用两面的政策：一方面用高压政策打击反对派。清政府在这方面做得最为突出，将其发展到了文字狱的地步，甚至以莫须有的精神犯罪罪名，极端残忍地对"犯人"进行满门抄斩。另外一面又提倡儒学，扶持宗教，在精神方面软化民众的反抗意志。遵奉程朱理学的传统统治智慧被遗传了下来，佛道二教受到官方的支持，继续用宗教迷信侵蚀着百姓的精神。民间宗教这时也顺应了这潮流，相宅、占梦、相命、相墓地等等，非常盛行。这些都是有神论思想继续滋生的土壤。

与此同时，商品经济的发展又促进了这一时期的科学技术的发展，涌现了一批著名的科学著作，例如宋应星百科全书式的科技巨作《天工开物》、徐光启的大型农书《农政全书》、徐霞客的地理名著《徐霞客游记》、王清任的中医解剖学革新之作《医林改错》以及明安图的研究幂级数展开式的著作《割圆密率捷法》等等，这些著作标志着这一阶段取得的科学成就。此外，明末西方传教士开始大举来到中国，他们为了达到传教的目的，选择了融入士大夫生活的方式，在接受中国传统文化的同时，也往中国传递了西方先进的科学技术。东西文化的双向交流过程，分别称为东学西渐和西学东渐。东学西渐在丝绸之路开通之后就已经形成，但是这个时候的中国已经落后于西方，所以，西学东渐是压倒性的。这就为中国科学事业的发展注入了新鲜的血液。

市民新阶层的出现、经济结构的调整，以及科学技术的新成就，都为思想的进步创造了条件，不仅推动专制君权统治了几千年的传统社会分娩出民主性的因素，诞生了一批具有人民性的知识分子，而且还推动无神论思想发展到了传统社会的最高峰。

这一时期的熊伯龙、王夫之和王清任，就是标志传统社会无神论思想发展终结的代表人物。

熊伯龙是明末清初的学者。据说他自幼就不信鬼神、因果报应，写过《适逢说》《鬼辩》和《神论》三篇无神论著作。他不仅博览史书，而且还对西洋科学知识有一定的了解，这就决定了他的无神论思想中存在着西洋先进科学的成分。在不断学习无神论思想的过程中，他又写成了无神论思想史上的名著《无何集》。此书一出，广受好评，据说清初著名学者阎若璩就赞赏他："予上下千古，自汉以前，得一异人，曰王仲任（王充）；自汉以后，得一异人，曰熊伯龙。"将他与汉代的王充放在同一高度。

熊伯龙一方面批判佛道。认为佛教宣扬的因果报应都不可信，最显著的例子就是梁武帝，他大肆崇佛，却落得个身死国破的下场。因此，他十分推崇北周武帝的灭佛之举，称其为"古今英主"。他否定天堂地狱之说："今之信因果者，谓人死为鬼，善升天堂，恶入地狱。请问九州之内，有天堂地狱乎？曰：'无有之。''然则天堂地狱在何处？'曰：'人世无天堂地狱，天堂在天之上，地狱在地之下。'夫人世无有，则真无矣。人死岂有鬼乎？"世上根本就没有天堂地狱，人死也绝对不能化作鬼！此外，他还认为道教的长生不老也是不可信的。他说："人生能行，死则僵仆，死则气灭，形消而坏。"人是由气构成的，人一死气就消散了，形体也就跟着消亡了。人可以长寿，但是寿极则必死，不可能存在不死的情况。

另一方面，他还尝试追寻有神论出现的根源。他提出"畏死之心迫，而后神明之说兴"的说法，例如"涉江，险事也，则谓之江涛有神。痘疹，危疾也，则谓痘疹有神。"认为有神论的起源同人类在与大自然相处的过程中无法掌控的无力状态有关，才会虚构出一个超自然的对手，作为自己无法对抗的假想敌。而在自己这方，就会依靠宗教之类的有神论，幻想着宗教的保护，寻求一种精神慰藉。所以，"智者创为此说（宗教），愚者尤而效之"，这些宗教"托鬼神以敛民财"，宗教职业者利用民众无知和脆弱的心理，成为一批敛财的职业骗子。

这时的统治阶级又自私地推动了有神论的成长。"王莽好符命，以济其逆志""光武亦赤符自累，笃信推崇"，熊伯龙已经认识到，宗教神学只不过是统治阶级为了达到自己的政治目的所利用的工具而已。他在这方面的见解是非常睿智、非常有胆识的！

熊伯龙还吸收了明朝哲学家王廷相对梦的唯物主义解释，认为梦的形成是"日之所思，夜之所梦"，所以"男子不梦生产，夫人不梦弓马"。这样的梦只是现实的一种折射，自然梦就不能有什么启示或者先兆的功用，即使梦与现实相符合，也只是"偶然适合"的情况。这样也就断送了居心叵测之人利用梦境宣扬灵魂不灭思想的可能性。

熊伯龙还积极地利用所接触的科学知识，来破解各种由来已久的迷信和困惑。利用西方传教士带来的科学知识，他指出："日食、月食，可推算而知。"认为日食、月食都是有规律的，当然就不具有惩戒、灾难的指示作用了。这也就否认了传统的天人感应论，以及神秘的因果报应论（古代人都认为君主失德，才会迫使上天用日食和月食以示警诫）。熊伯龙也是明清时期西学东渐现象的一个反映。

熊伯龙不拘泥于所生活的时代，而是环顾了古今中外，将生活中的感性认识提炼到了理性的高度，所以才会取得超越前人的成就。

王夫之是17世纪的著名哲学家。近代进步思想家、维新派人士谭嗣同评价王夫之是"五百年来真正通天人之故者"，这是针对他在唯物主义自然观方面取得的惊世成就而作出的高度评价。

王夫之继承了张载的唯物主义哲学，吸收了历代哲学的成果，在批判形形色色的唯心主义的基础上，形成了自己的唯物主义哲学体系。

他上承张载的唯物主义的"气"的一元论，认为世界的本原是"气"。"气"构成了五彩缤纷的物质世界，正所谓"天地之间所有者，形质虽殊……皆气所聚也"；"虚空"是气存在的形式，"凡虚空皆气也"。物质的"气"及其存在形式都是无限的，在时间上又是永恒的。因为"气"聚而为物，物又会散归为"气"，所以本原的"气"聚散变化也是必然的，并不会随人的主观意志而改变。他的唯物主义的高度奠定了自己唯物主义的无神论高度。

他否定有人格的天，肯定天是自然无为的，发展了唐代刘禹锡强调人应该遵守自然规律的观点，认为人应该发挥主观能动性去利用改造自然，要"与天争胜"，强调人定胜天。由此，他反对天命论和天人感应论，这种思想在他斥责古代神秘传说的举动上也得到了展示，他认为盘古开天辟地是"荒怪之事，无所征验"。

他还认为后世佛道讲鬼神都违背了二教原本"虚无寂灭"的初衷。所以范缜对神不灭的批判，只是"执其绪论以折之"，并没有抓住佛道荒谬的根本。他认为佛教的"寂灭论"（物质世界是虚幻的，只有虚空才是最真实的存在，所以要求佛教徒超脱生死，进入寂静无为的境界）是"以真为妄，以妄为真"，黑白颠倒。随即用唯物主义"虚空即气"的观点，针对佛教"一切皆空"的观点，指出客观世界是"无妄"（真实存在）的。此外他也斥责道家的神仙学说是陋说，认为道家虚无主义的观点是"颠倒生死，以有为妄……以生为妄，哀乐俱舍"，跟佛教一样是虚伪的。

王夫之也发展了一套形神观。他认为："阴阳相感聚而生人物者为神（这里的'神'指的是宇宙动力）；合于人物之身，用久则神随形敝，敝而不足以存，复散而合于纲缊者为鬼（这里的'鬼'指的是还归太虚之后的四散之气）。"宇宙动力驱使阴阳二气相互感聚才形成了物质的人，时间长了，人的形体破旧了，不足以维持住精神时，也就自然复归为"气"了。这是古来有之的观点。王夫之在形神观上还有自己的创新点，他说："形也，神也，物也，三相遇而知觉乃发。"明确知觉的产生需要人的形体、精神，以及另外的一个物体。这就在知觉形成机制中，引入了主体、客体以及作为形体机能的精神这三要素，这是王夫之的形神观进步的地方。

王夫之在 17 世纪的哲学思想成就是超越了时代的，他的思想反映的是古代无神论思想发展的高峰。

王清任是清中叶富有革新精神的解剖学家与医学家。他特别强调解剖学对医学的重要性，所以怀着对真知的憧憬，他冲破了封建礼教的束缚，跑去坟地和斩杀死刑犯的刑场，研究了一百多具尸体的内脏，这奠定了他"名噪京师"的基础以及"四十二年磨一剑"的《医林改错》一书的医学价值。该书不仅纠正了不少古人的谬误，而且还提出了精神产生于大脑的观点——"脑髓说"，这进一步解决了范缜未解决的问题，对形神关系作出了新的准确的诠释。

王清任的"脑髓说"的主旨是"灵机记性在脑"（所谓"灵机"也就是灵巧的心思，在此我们可以理解为思维），这就与传统的"灵机记性在心"的观念有了出入。为了证明自己观点的准确性，他在《医林改错·脑髓说》中从几个方面来论证了自己的观点：

第一，传统的医学和儒家都认为思维是心之所属（不仅仅是医生和儒家，其实基本上古代所有的学派都持这样的观点，王清任在此只是针对了他最熟悉的两个学派），是因为他们不明白心脏在体内的功能是什么，"因始创之人，不知心在胸中，所辨何事"。通往心脏的两根气管，是储存元气和津液（机体一切正常水液的总称，包括各脏腑形体官窍的内在液体及其正常的分泌物）的地方，只是出入心脏的气的通道，这样"何能生灵机、贮记性？"这就否认了"灵机记性在心"的传统谬论。

第二，"灵机记性"不在心脏，为何就必定存在于大脑呢？王清任在这里充分展现了自己在解剖学方面的造诣，指出："因饮食生气血，长肌肉，精汁之清者，化而为髓，由脊骨上行入脑，名曰脑髓。"人们通过饮食而形成气血，和脑髓发育、维持所必需的成分，都是通过脊骨传递给大脑的。此外，人的两耳、两目、鼻都是通往大脑的，它们听从大脑的命令，分别担负着听觉、视觉和嗅觉的功能。而当它们同大脑的联系出现问题时，就会表现出听觉、视觉、嗅觉的功能失灵的现象。

他还举例说，小孩子刚出生的时候，大脑没有发育完全，囟门较软，所以这个时候的孩子眼睛不灵活，耳朵对声音也不敏感，也不能说话。到一岁的时候，孩子的大脑有所成长，囟门也发达了一些，耳朵渐渐能听一些声音，眼睛也有点灵活了，鼻子也能闻出一些气味，还能说一点点话。长到了三四岁，脑髓就基本上长满了，囟门也长全了，耳朵能听话，眼睛也转动灵活，鼻子能分辨香味和臭味，说话也能成句了。所以，小孩子没有记性，是因为脑髓没长满；而老年人没有记性，则是因为脑髓长空了。

第三，王清任还列举名医的看法来支撑自己的论点。他指出李时珍曾经说过："脑为元神之府。"明末时期的金正希（金声，字正希）也说："人之记性皆在脑中。"清代的汪讱庵（汪昂，字讱庵）："今人每记忆往事，必闭目上瞪而思索之。脑髓中一时无气，不但无灵机，必死一时，一刻无气，必死一刻。"他们都认为大脑才是思维的主宰。

第四，他说人的病症（癫痫）发作，就是元气一时不能传送到脑髓里所造成的。人犯病发生抽搐的时候，正是"活人死脑袋"的状态，"活人者，腹中有气，四肢抽搐；死脑袋者，脑髓无气，耳聋、眼天吊如死"。有的癫痫病人犯病之时，会先喊一声再出现抽搐现象，那是因为脑袋里原本没有元气，胸中的元气不知道往哪儿传送，于是出现了向外爆出的情况。人在抽搐的时候，胸中会有漉漉的声音，那是因为病人的脑袋里没有灵动的元气，使津液滞留在气管里，发生了吐咽的现象，所以就发出了漉漉的声音。人在抽搐之后会出现头疼昏睡的状况，就是因为元气虽然进入了脑袋，但仍然存在供气不足的状况。他说："小儿久病后元气虚抽风，大人暴得气厥，皆是脑中无气，故病人毫无知识。"癫痫症发作正好是脑袋暂时休克，心脏却照常运动的一种特殊状态，这个病例恰好证明了"灵机记性"在脑袋不在心脏的论点，论证很充分。

王清任的"脑髓说"是对"心主神明"的传统观点的修正，虽然还存在很多粗糙的地方，也没能揭示大脑运行的机制，但是已经是中国解剖学史和医学史上的一次飞跃。况且受当时科学技术水平的限制，在没有当代解剖学的理论基础和分析设备的时候，近两百年前的王清任能有这样的成果，已经是很了不得了。而他的"脑髓说"被应用到形神观上，也推动了形神发展史上的一次飞跃。

范缜发展到高峰的"形俱神生"的观点，只是在总体上把握了唯物主义，模糊地将精神落实到心脏这个物质之上，这个观点既没有科学证明，本身也是错误的，是范缜发达的形神理论的一大漏洞。王清任的"脑髓说"一出，立即修补了这个漏洞，将形神关系稳实地建立在唯物主义的基础之上，保证了无神论形神观的科学性和严密性。这对神不灭论思想是沉重的打击，王清任在此功不可没。

无神论思想在酝酿了几千年以后，终于在传统社会末期达到了最高潮，完美地终结了古代无神论思想的发展历程。这一时期无神论思想的成就，不仅是对几千年朴素唯物主义无神论哲学发展的总结，也直接开启了下一阶段的近现代辩证唯物主义无神论。

四、无神论的发展阻力

范缜两次发表《神灭论》，分别在公元 5 世纪末和 6 世纪初期。他发展了的无神论思想经过了一千多年，到了清朝时，才由熊伯龙、王夫之、王清任等哲学家和医学家进行了进一步的修补。我们可以看出，无神论的这一发展过程显得冗长且枯燥。

一千多年来，中国的经济、科技都有了极大的进步，生产力的发展本该推动思想的进步，但是这种进步并没有及时地反映到无神论思想的发展过程中来，思想的进步显然是被强大的阻力给束缚住了。

统一时代的思想限制——政治压制

魏晋南北朝时期，社会动乱，政权林立，统治者根本就没有条件进行思想统治，于是在这一时期就出现了类似于春秋战国时期百家争鸣的思想解放。思想的多元往往孕育着统治者无法接受的"异端思想"。范缜的神灭论就出现在这样的时代。

但是一旦大一统时代重新到来，专制君权就必然要求进入到思想领域，将民众的多元思想统一到上层引导的轨道上来，以此强化皇权。所以，在统治者提倡神权统治的唐代，当傅奕在朝堂上发表反佛言论时，只有太仆卿张道源一人表示了赞同，而萧瑀则是强权国家进行思想统治的成功案例。此外，中国的皇帝都自称天子，帝王本身就需要天人感应一类的神学思想来神化自己，论证自己统治的合理性，国外亦如此，例如日本天皇历来都被认为是神族的后代，这一点跟中国是一致的。神一样的皇帝，不到特殊的情况时，自然不会想着去推翻有神论，那可是自掘坟墓的做法。随着中国传统社会发展到后期，中央权力不断加强，有神论同专制统治结合得日益紧密，无神论的发展阻力也就越来越大了。

三教合流的不断加强——内部迷幻

宋代欧阳修在分析佛教流行于中国的原因时说："今之议者，以浮屠并周、孔之事，曰：'三教不可以去'。"认为三教合一的潮流，是佛教在中国长期繁荣发展的原因。

三教合流的过程开始于东汉末年，从此，中国文化的大熔炉不断糅合主流文化，佛教也被吸纳了进去，儒、道、释三者开始了长期的相互交融的过程。到了宋元明时期，理学的出现才标志着三教合流过程的完结。而儒、道、释三者之间凝聚力的不断加强，使得文化排外主义已经没有了多大的煽动力。此外，从隋唐开始的科举制度，又将文化人的目光都吸引到了"中科举"这一目标上来。他们皓首穷经只为金榜题名，再也不像从前一样，靠着门荫就能获得官职，然后拿着麈尾悠闲地谈论学术，幸福地度过一生。所以，处于竞争之中的读书人，不再热心长期存在于身边的宗教是否毁坏了名教的威严。况且佛教这类宗教依靠三教合流，积极地吸收儒家思想，主动向士大夫靠拢，还为他们提供了灵魂的避难所，当士大夫政治不得意时，往往就利用宗教进行灵魂救赎。有神论已经融入读书人的生活之中了。

重文轻理的知识结构——知识束缚

中国的古人重视德行，"仁义礼智信，忠孝廉耻勇"是古人最关心的品格，也是选拔人才时必然参考的指数，所以全社会的知识重心都在这里。在这样的社会里，技术当然是不被重视的。即便有所发明创造，要投入到应用之中，也需要一定的财力。有钱的地主知识分子都皓首穷经去了，他们关心的只是做大官。而没钱的农民即使有所创造，也没有财力将其维系下去，况且古代的农民背负着巨大的生存压力，他们四季都在忙着养家糊口，根本就没时间去发明，去革新。正是由于这个原因，中国的一些发明即使比西方早了好几百年，甚至近千年，到最后，中国还是被西方远远地抛在了后面，不可避免地成为被侵略的落后国家。

对于统治阶级来讲，技术发明未必是好事。老子很早就提出过"绝圣弃智，民利百倍；绝仁弃义，民复孝慈；绝巧弃利，盗贼无有"的愚民政策，恨不得把百姓扔回到结草记事的氏族社会。统治阶级显然也明白愚民的重要性。明清时期，官方规定了科举考试的标准文体——八股文，钳制读书人的思想，读书人也就成了官方文本的复读机，《范进中举》的主人公就是这样的废物。

所以，西洋科学传入到中国，就成了熊伯龙这样一些优秀的无神论思想家破除迷信思想的有力武器。但是熊伯龙这样的开明士大夫只是少数，西洋科学在中国并没有掀起大规模的狂潮，而是默默地就消失了。当西方都进入了工业革命时，东方的中国依旧在踱步。

唯物主义的缓慢发展——动力不足

诸子百家时期，中国的唯物主义就已经进入了朴素唯物主义阶段，世界的本原被附会成直观能看见的物质，例如金、木、水、火、土五种物质。汉代的王充和南朝的范缜，在反对有神论思想时，使用的道家思想就是气的一元论，也属于朴素唯物主义思想。从此，这种唯物主义思想一直被传递着。一直到宋代的张载和清初的王夫之，当他们把唯物主义发展到了古代社会的巅峰之际，依然认为世界的本原是"气"这种物质，这与汉代的王充观点是一致的，虽然他们有发挥，但是仍然没有脱离那个不发达的魔咒。也就是说，到了清朝，唯物主义哲学的水平仍然停留在汉代王充时的层次。

虽然无神论思想也包含了部分唯心主义，但是唯物主义才是无神论思想最强劲的支撑。唯物主义长期发展缓慢，致使无神论屡屡出现理论漏洞或者底气不足的情况，这就影响到了无神论思想的发展。后代的无神论思想也就在范缜神灭论思想的同一层次缓慢地推进着，这一推就是一千多年。

附　录

范缜《神灭论》全文

或问予云："神灭，何以知其灭也？"答曰："神即形也，形即神也，是以形存则神存，形谢则神灭也。"

问曰："形者无知之称，神者有知之名，知与无知，即事有异，神之与形，理不容一，形神相即，非所闻也。"答曰："形者神之质，神者形之用，是则形称其质，神言其用，形之与神，不得相异也。"

问曰："神故非质，形故非用，不得为异，其义安在？"答曰："名殊而体一也。"

问曰："名既已殊，体何得一？"答曰："神之于质，犹利之于刀，形之于用，犹刀之于利，利之名非刀也，刀之名非利也。然而舍利无刀，舍刀无利，未闻刀没而利存，岂容形亡而神在。"

问曰："刀之与利，或如来说，形之与神，其义不然。何以言之？木之质无知也，人之质有知也，人既有如木之质，而有异木之知，岂非木有其一，人有其二邪？"答曰："异哉言乎！人若有如木之质以为形，又有异木之知以为神，则可如来论也。今人之质，质有知也，木之质，质无知也，人之质非木质也，木之质非人质也，安在有如木之质而复有异木之知哉！"

问曰："人之质所以异木质者，以其有知耳。人而无知，与木何异？"答曰："人无无知之质，犹木无有知之形。"

问曰："死者之形骸，岂非无知之质邪？"答曰："是无人质。"

问曰："若然者，人果有如木之质，而有异木之知矣。"答曰："死者有如木之质，而无异木之知；生者有异木之知，而无如木之质也。"

146

问曰："死者之骨骼，非生者之形骸邪?"答曰："生形之非死形，死形之非生形，区已革矣，安有生人之形骸，而有死人之骨骼哉?"

问曰："若生者之形骸非死者之骨骼，非死者之骨骼，则应不由生者之形骸，不由生者之形骸，则此骨骼从何而至此邪?"答曰："是生者之形骸，变为死者之骨骼也。"

问曰："生者之形骸虽变为死者之骨骼，岂不因生而有死，则知死体犹生体也。"答曰："如因荣木变为枯木，枯木之质，宁是荣木之体!"

问曰："荣体变为枯体，枯体即是荣体；丝体变为缕体，缕体即是丝体，有何别焉?"答曰："若枯即是荣，荣即是枯，应荣时凋零，枯时结实也。又荣木不应变为枯木，以荣即枯，无所复变也。荣枯是一，何不先枯后荣? 要先荣后枯，何也? 丝缕之义，亦同此破。"

问曰："生形之谢，便应焱然都尽，何故方受死形，绵历未已邪?"答曰："生灭之体，要有其次故也。夫焱而生者必焱而灭，渐而生者必渐而灭。焱而生者，飘骤是也；渐而生者，动植是也。有焱有渐，物之理也。"

问曰："形即是神者，手等亦是神邪?"答曰："皆是神之分也。"

问曰："若皆是神之分，神既能虑，手等亦应能虑也?"答曰："手等亦应能有痛痒之知，而无是非之虑。"

问曰："知之与虑，为一为异?"答曰："知即是虑，浅则为知，深则为虑。"

问曰："若尔，应有二虑，虑既有二，神有二乎?"答曰："人体惟一，神何得二。"

问曰："若不得二，安有痛痒之知，复有是非之虑?"答曰："如手足虽异，总为一人，是非痛痒虽复有异，亦总为一神矣。"

问曰："是非之虑，不关手足，当关何处?"答曰："是非之虑，心器所主。"

问曰："心器是五藏之心，非邪?"答曰："是也。"

问曰："五藏有何殊别，而心独有是非之虑乎?"答曰："七窍亦复何

147

殊，而司用不均。"

问曰："虑思无方，何以知是心器所主？"答曰："五藏各有所司，无有能虑者，是以知心为虑本。"

问曰："何不寄在眼等分中？"答曰："若虑可寄于眼分，眼何故不寄于耳分邪？"

问曰："虑体无本，故可寄之于眼分；眼自有本，不假寄于佗分也。"答曰："眼何故有本而虑无本；苟无本于我形，而可偏寄于异地，亦可张甲之情，寄王乙之躯，李丙之性，托赵丁之体。然乎哉？不然也。"

问曰："圣人形犹凡人之形，而有凡圣之殊，故知形神异矣。"答曰："不然。金之精者能昭，秽者不能昭，有能昭之精金，宁有不昭之秽质。又岂有圣人之神而寄凡人之器，亦无凡人之神而托圣人之体。是以八采、重瞳，勋、华之容，龙颜、马口，轩、皞之状，此形表之异也。比干之心，七窍列角，伯约之胆，其大若拳，此心器之殊也。是知圣人定分，每绝常区，非惟道革群生，乃亦形超万有。凡圣均体，所未敢安。"

问曰："子云圣人之形必异于凡者，敢问阳货类仲尼，项籍似大舜，舜、项、孔、阳，智革形同，其故何邪？"答曰："珉似玉而非玉，鸡类凤而非凤，物诚有之，人故宜尔。项、阳貌似而非实似，心器不均，虽貌无益。"

问曰："凡圣之殊，形器不一，可也；圣人员极，理无有二，而丘、旦殊姿，汤、文异状，神不侔色，于此益明矣。"答曰："圣同于心器，形不必同也，犹马殊毛而齐逸，玉异色而均美。是以晋棘、荆和，等价连城，骅骝、騄骊，俱致千里。"

问曰："形神不二，既闻之矣，形谢神灭，理固宜然，敢问经云'为之宗庙，以鬼飨之'，何谓也？"答曰："圣人之教然也，所以弭孝子之心，而厉偷薄之意，神而明之，此之谓矣。"

问曰："伯有被甲，彭生豕见，坟素着其事，宁是设教而已邪？"答曰："妖怪茫茫，或存或亡，强死者众，不皆为鬼，彭生、伯有，何独能

148

然，乍为人豕，未必齐、郑之公子也。"

问曰："《易》称'故知鬼神之情状，与天地相似而不违。'又曰：'载鬼一车。'其义云何？"答曰："有禽焉，有兽焉，飞走之别也；有人焉，有鬼焉，幽明之别也。人灭而为鬼，鬼灭而为人，则未之知也。"

问曰："知此神灭，有何利用邪？"答曰："浮屠害政，桑门蠹俗，风惊雾起，驰荡不休，吾哀其弊，思拯其溺。夫竭财以赴僧，破产以趋佛，而不恤亲戚，不怜穷匮者何？良由厚我之情深，济物之意浅。是以圭撮涉于贫友，吝情动于颜色；千钟委于富僧，欢意畅于容发。岂不以僧有多余之期，友无遗秉之报，务施阙于周急，归德必于在己。又惑以茫昧之言，惧以阿鼻之苦，诱以虚诞之辞，欣以兜率之乐。故舍逢掖，袭横衣，废俎豆，列瓶钵，家家弃其亲爱，人人绝其嗣续。致使兵挫于行间，吏空于官府，粟罄于惰游，货殚于泥木。所以奸宄弗胜，颂声尚拥，惟此之故，其流莫已，其病无限。若陶甄禀于自然，森罗均于独化，忽焉自有，怳尔而无，来也不御，去也不追，乘夫天理，各安其性。小人甘其垄亩，君子保其恬素，耕而食，食不可穷也，蚕而衣，衣不可尽也，下有余以奉其上，上无为以待其下，可以全生，可以匡国，可以霸君，用此道也。"

（载《梁书》卷四八《儒林·范缜传》）

年 谱

450 年（宋文帝元嘉二十七年） 范缜出生。祖籍今河北邢台清河县。

465~468 年（泰始初） 前往京师建康（今江苏南京），从学于大儒刘瓛。

470 年（泰始六年） 刘瓛亲自为其行冠礼。同年，范缜上书尚书左仆射王景文，表达了自己急欲参与朝政的愿望。

479 年（升明三年） 写下了《伤暮诗》和《白发咏》。

479~494 年（齐建元元年至齐明帝建武元年） 范缜二十九至四十四岁，在齐任宁蛮主簿、尚书殿中郎。

487 年（永明五年） 竟陵王萧子良在鸡笼山开西邸，招揽文士，范缜加入萧子良文士集团。

489 年（永明七年） 范缜与萧子良围绕"因果"展开辩论，子良败，范缜首次宣扬无神论主张，并与王琰、王融围绕"神灭"与"神不灭"展开辩论。

491 年（永明九年） 出使北魏。

489~494 年（永明七年至齐明帝建武元年） 第一次发表《神灭论》。

495~497 年（建武二年至四年） 任领军长史、宜都太守，后以母忧去职。

505 年（梁天监四年） 因王亮事件被罢官，流放广州。

506 年（天监五年） 从广州被召回，任中书郎，梁武帝组织群臣与范缜就"神不灭论"和"神灭论"为中心论点，责难范缜，第二次辩论爆发。范缜修改并再次发表《神灭论》

515 年（天监十四年） 范缜病逝，终年六十五岁。

主要著作

关于范缜的著作，《梁书》卷四八《儒林·范缜传》载"文集十卷"，

《南史》卷五七《范云附从兄缜传》载"文集十五卷"，而《隋书》卷三五《经籍志四》又载"梁尚书左丞《范缜集》十一卷"，不知孰是，但这些文集均已散佚。流传下来的只有以下五篇文章：

1. 《神灭论》，载《梁书》卷四八《儒林·范缜传》、《弘明集》卷九、《全梁文》卷四五；

2. 《答曹录事难神灭论》，载《弘明集》卷九（题为《答曹舍人》）、《全梁文》卷四五；

3. 《拟招隐士》，载《文苑英华》卷三五八、《全梁文》卷四五；

4. 《以国子博士让裴子野表》，载《梁书》卷三十《裴子野传》、《全梁文》卷四五；

5. 《与王仆射书》，载《艺文类聚》卷二三、《全梁文》卷四五。

参考书目

1. 〔唐〕房玄龄等撰：《晋书》，中华书局，1974 年。

2. 〔梁〕沈约撰：《宋书》，中华书局，1974 年。

3. 〔梁〕萧子显撰：《南齐书》，中华书局，1972 年。

4. 〔唐〕姚思廉撰：《梁书》，中华书局，1973 年。

5. 〔唐〕李延寿撰：《南史》，中华书局，1975 年。

6. 〔北齐〕魏收撰：《魏书》，中华书局，1974 年。

7. 〔宋〕司马光编著，〔元〕胡三省音注：《资治通鉴》，中华书局，1956 年。

8. 〔梁〕僧祐编：《弘明集》，四部丛刊初编本。

9. 〔唐〕欧阳询撰：《艺文类聚》，上海古籍出版社，1982 年。

10. 〔宋〕李昉等编：《文苑英华》，中华书局，1966 年。

11. 〔清〕严可均校辑：《全上古三代秦汉三国六朝文·全梁文》，中华书局，1958 年。

    12. 陈寅恪：《金明馆丛稿初编》，生活·读书·新知三联书店，2001 年。

    13. 潘富恩、马涛：《范缜评传》，南京大学出版社，1996 年。

    14. 王友三编著：《中国无神论史纲》，上海人民出版社，1986 年。

    15. 张岱年主编：《中国唯物论史》，河南人民出版社，1994 年。